A Luz De Rosa Maria

Os primeiros passos para o autoconhecimento

Karina De Oliveira

A Luz de Rosa Maria

Os primeiros passos para o autoconhecimento

Karina De Oliveira

Sarasota, Flórida, EUA

Colaboração Teórica Contextual - *Aurea Olenka*

Capa - *Alycia De Oliveira*

Revisão - *Aurélio de Oliveira*

ISBN: 979-8339698241

Direitos Reservados

Dedicatória

Dedico essa obra com todo Amor e carinho às minhas filhas Evelyn e Alycia. Que essa história possa ser um exemplo de infinitas possibilidades para todas as lições na jornada linda e divertida da vida de cada uma de vocês.

Agradecimentos

Agradecer é um sentimento poderoso que nos faz reconhecer as pequenas e grandes alegrias da vida e valorizar as pessoas que tornam nossa jornada mais leve e feliz.

Assim, primeiramente, quero agradecer à minha queridíssima amiga Áurea Olenka, psicóloga, que, com seu constante entusiasmo, animou-me a colocar as ideias deste livro no papel. A ela serei eternamente grata não só pelo enorme incentivo, mas também pelas valiosas colaborações com o conteúdo teórico desta obra.

Também aqui vão os meus mais amorosos agradecimentos à minha família: Uilton, meu marido; e Evelyn e Alycia, minhas filhas. Eles sempre estiveram presentes com braços e corações abertos durante minha jornada de expansão da consciência e desenvolvimento mental. Sempre serei grata pela paciência que tiveram em conviver comigo durante essa transformação.

Quero agradecer bastante também ao meu tio, o escritor Aurélio de Oliveira, uma pessoa muito importante no desenvolvimento e nascimento deste livro. Aliás, ainda dou boas risadas com suas piadas infames (até ouço sua voz!) ditas pela minha personagem Rosa Maria. Te amo tio!

Também toda minha gratidão ao meu Eu Divino, por colocar mentores e pessoas importantes na minha vida. Todos me inspiraram e me ajudaram a enxergar a luz do meu caminho. Portanto, aqui vão meus agradecimentos à Cristina Cairo, diretora e fundadora da Escola Brasileira de Linguagem do Corpo e Psicanálise Cristina Cairo; à professora May Andrade, filósofa, escritora, mentora e fundadora do Temporariamente Humana e Escola do Alquimista. É ela, May Andrade, quem assina o prefácio deste livro. Muito grata pela sua amizade e mentoria.

Também não poderia deixar de agradecer aos professores Hélio Couto. Wagner Borges entre outros mestres... que deixaram um legado inestimável de ensinamentos que nos transportam a outras dimensões.

Aqui vai também a minha mais profunda e imensa gratidão aos meus pais Terezinha e Luiz, que sempre me acompanharam em todas as minhas aventuras e decisões, muitas delas repletas de emoção. Sempre serei grata por me ensinarem a amar minhas filhas. Amo vocês!

Finalmente, quero agradecer a todos que, por questão de espaço, não foram aqui citados, mas não são menos importantes. Porque, direta ou indiretamente, contribuíram para o meu sucesso e para o meu crescimento como pessoa.

A todos, sou o resultado da confiança e da força de cada
um de vocês.

Prefácio

Foi no ano de 2023 que tive o prazer de conhecer Karina, uma daquelas almas iluminadas que o universo coloca em nosso caminho para nos inspirar e transformar. Nos encontramos em um curso de Mentoria, e desde o primeiro momento, fui cativada pela sua energia vibrante, seu sorriso contagiante e sua vontade genuína de ajudar os outros. Karina é dessas pessoas raras que se entregam por inteiro em tudo o que fazem, com autenticidade, força e uma dedicação que salta aos olhos. Sua paixão por seu trabalho e seu profundo conhecimento sempre me impressionaram, e logo se tornou uma amiga querida, presente não só na minha vida, mas também na de minha família.

Foi com grande alegria que recebi o convite para escrever o prefácio deste livro, "A Luz de Rosa Maria", que é um reflexo fiel da essência de sua autora. Karina, com sua sabedoria e habilidade de se conectar profundamente com as pessoas, traz à vida a história de Rosa Maria Olivier, uma jovem cuja jornada de autodescoberta e superação toca o coração e a alma de todos nós.

A narrativa de Rosa Maria é tanto uma história de superação quanto um guia prático para o autoconhecimento. Em um mundo repleto de desafios, Rosa Maria nos ensina que problemas, por mais complicados que pareçam, podem ser transformados em oportunidades para o crescimento pessoal. Cada capítulo deste livro é uma porta de entrada para um aspecto da terapia que, de forma didática e acessível, revela como o processo terapêutico pode nos ajudar a compreender e superar nossos próprios desafios.

A personagem de Rosa Maria é cativante, não apenas por suas lutas e triunfos, mas também por sua humanidade e senso de humor. A relação que ela desenvolve com a doutora Norma Medina, uma terapeuta que se torna um verdadeiro porto seguro em sua vida, é um exemplo de como a empatia, o cuidado e o conhecimento podem ser transformadores. A transição de Rosa Maria de paciente a funcionária no consultório da doutora Norma é uma metáfora poderosa para o crescimento que todos podemos alcançar quando encontramos as ferramentas certas para lidar com nossos desafios emocionais e psicológicos.

"A Luz de Rosa Maria" não é apenas um livro; é uma jornada de descoberta, tanto para Rosa Maria quanto para o leitor. Karina, com sua escrita clara e envolvente, nos conduz por um caminho de aprendizado e reflexão, abordando temas como autossabotagem, o funcionamento do cérebro e a importância de compreender e aceitar nossas emoções. Através de sua narrativa, somos convidados a explorar nossas próprias vidas, questionando nossos padrões de comportamento e descobrindo novos caminhos para o autoconhecimento e a realização pessoal.

Ao ler este livro, você não apenas acompanhará a jornada de Rosa Maria, mas também, como eu, será profundamente tocado pela luz que Karina compartilha através de suas palavras. Espero que, assim como eu, você se sinta inspirado a mergulhar nesta leitura transformadora e a permitir que a luz de Rosa Maria ilumine também o seu caminho.

Com carinho e admiração,

May Andrade

Sumário

Introdução

Qual é o seu problema?

Problemas... já nascemos com eles!

Mas veja... antes de nascer não tínhamos problemas! Éramos apenas uma minúscula célula a nadar alegremente esperando a vida acontecer. De repente, um mágico momento! Depois de frenéticas agitações e, para nós, gemidos inexplicáveis, passamos de uma bolsa para um saco. Coisa louca! Saímos, como que expelidos, da bolsa escrotal paterna e mudamos para o saco amniótico materno. Pensávamos que isso seria um problema.

Mas não foi! Na época, éramos milhões e milhões querendo, numa louca e desesperada corrida, chegar ao prêmio da vida. Não sabíamos por que, mas apenas um chegaria lá. Seria um problema isso? Também nunca saberemos o que houve. Não saberemos jamais se alguém furou a fila ou fez alguma malandragem com a turma... difícil lembrar! Mas um de nós conseguiu! Acho que fui eu!

Problemas com a mudança? Não, eu ainda não tinha problemas! Aliás, foi uma surpresa maravilhosa! Foram nove meses de formação, crescimento e desenvolvimento, aconchegado no quentinho de um ventre acolhedor, chupando dedo e ouvindo um ansioso coração materno bater incessantemente. A vida era boa lá dentro! De fato, eu não tinha problemas. Pelo menos, não que eu soubesse!

De repente, os problemas começaram! Correria, agitação, vozerio e... um tapa na bunda! Talvez esse tenha sido o meu primeiro grande problema: começar a vida já apanhando! Sim, foi um primeiro problema que eu, imediatamente, aprendi a resolver no berro. Se bem que, mais tarde, descobriria que nem todos os problemas se resolveriam assim, no grito!

Mas foi assim, desse jeito, que todos nós viemos ao mundo e começamos a viver. Foi assim que começaram meus problemas. Claro, eu ainda não tinha consciência de que teria problemas daquele momento em diante.

Com o passar dos anos, fui descobrindo e aprendendo que problemas sempre fizeram e sempre farão parte da minha vida. Ainda bem! Porque, se você mudar a sua maneira de enxergar um problema, ou seja, enxergá-lo por outro ângulo... digamos, mais otimista, você verá que problemas são, na verdade, dádivas.

Dádivas? Você perguntaria... como um problema pode ser uma dádiva? A melhor resposta a essa pergunta está na oportunidade que ganhamos de enfrentar o problema. Uma chance de ter um tetê-à-tête com o problema. Não? Então tá... em vez de dizer dádiva, vamos dizer desafio!

O que é um desafio senão uma provocação? Um estímulo, ou seja, aquele empurrão que você precisa pra partir pra cima do problema e enxergá-lo por dentro e descobrir todas as possibilidades de resolvê-lo. Depois de encontrada a solução, você passa a perceber que os problemas deixam de ser exatamente problemas mas, sim, desafios.

Desafios sempre são bons. Porque do enfrentamento a esses desafios é que nasce o aprendizado que, como uma pá escavadeira na imensa mata da vida, vai abrindo seus caminhos para o importante autoconhecimento. Por isso podemos dizer que um problema também pode ser uma dádiva.

O velho Sócrates já dizia: "Conhece-te a ti mesmo!". Ele sabia das coisas... conhecer a você mesmo é saber como modificar sua relação para com você mesmo, para com os outros e para com o mundo. Assim é que você aprimora e faz evoluir cada vez mais a sua jornada pela vida. Sócrates, em seu legado, nos ensinou que nossa vida é como uma escultura... em que vamos, com o cinzel de nossas atitudes, nos moldando e nos aperfeiçoando no decorrer de nossa existência.

Portanto, está mais do que na hora de você enxergar os seus problemas de modo diferente. Mais do que na hora de você dar uma nova definição para esse vocábulo "problema". Daqui pra frente, chame-o de "desafio". Aliás, não existem problemas que não ofereçam um desafio. Eles sempre aparecem, batendo em nossa porta oferecendo-nos esses desafios. Que bom que assim seja, porque, como já dissemos, enfrentar esses desafios nos leva ao aprendizado e, consequentemente, ao aprimoramento e ao autoconhecimento.

Benjamin Franklin, grande autor, político, inventor e cientista norte-americano dizia que viver é enfrentar um problema atrás do outro.

Agora, a maneira como encaramos esses problemas é que faz a diferença. E que diferença! Porque se você vir o problema como sendo um problema simplesmente, o resultado é o sofrimento, a dor, a frustração... mas, vê-lo como um desafio, você sentirá a necessidade de um enfrentamento e, certamente, o resultado será seu crescimento espiritual, sua evolução. Aliás, um problema sempre será uma oportunidade pra você fazer o seu melhor.

Neste livro, vamos procurar ensinar você a ser feliz com seus problemas, ou melhor, com seus desafios. Porque eles sempre existirão... não importa que tamanho eles tenham. Sempre será um desafio, grande ou pequeno. Não importa!

O que vai importar e fazer toda a diferença será a sua capacidade e sabedoria em lidar com esses desafios. Nesse procedimento é que reside a sua evolução como pessoa, o seu autoconhecimento e, claro, toda a sua felicidade.

Então... quais são seus problemas, ou melhor, seus desafios pra hoje?

Capítulo 1

A Luz de Rosa Maria

Gosto muito do meu nome... Rosa Maria! Tem um quê de poesia, de sublime... talvez porque comece com um nome de uma flor, Rosa, que simboliza tudo que é romântico. Depois vem Maria, a santa virgem, uma mulher que viveu intensamente seu destino com pureza, perfeição e, sobretudo, com amor! Virtudes que nos inspiram a desenvolver nossa espiritualidade.

Por isso sempre tive muito orgulho do meu nome. Aliás, é um privilégio trazer no RG um nome que comporte a perfeição e a poesia de uma rosa mais as virtudes da mãe de Jesus. Mas, mesmo tendo um nome que inspire tudo isso, minha vida ultimamente não foi assim uma perfeição, nem poética ou virtuosa. Explico:

Você já ouviu falar na Lei de Murphy? Não? É aquela que diz o seguinte: "Se alguma coisa tem a mais remota chance de dar errado, certamente dará"! Bem, eu tive um desses dias... em que não uma, mas várias coisas deram errado pra mim. Minha vontade foi a de encontrar esse tal de Murphy, enfiar a cabeça dele num latão de água e só soltar quando pararem as borbulhas.

Esse dia começou mal logo cedo, quando tive de tomar banho com água gelada. Foi só abrir a torneira e a resistência do chuveiro queimou. Quase que a minha resistência também foi pro espaço! Saí do banho feito uma uva passa e fui me vestir. Já estava atrasada para chegar no meu emprego recém-conseguido. Resolvi seguir um conselho da minha avó, uma sábia velhinha, que dizia: "Vista sua melhor calcinha e o dia será feliz!"

Pois sim! Nesse dia foi como se eu tivesse usado alguma cueca suja do meu ex-marido, que me abandonou e deixou um bocado de tralhas dele aqui em casa. Só não deixou saudades! Aliás, nunca tive sorte com homens... só pode ser esse meu dedo podre que só atrai coisa ruim.

Quando cheguei no meu emprego, havia um bilhete em minha mesa. "Passar no RH para acertar suas contas". Mais essa! Bem, sou operadora de telemarketing e, provavelmente, estava sendo despedida por ter, no meu primeiro dia, destratado um cliente tipo pão de forma: chato, quadrado, casca grossa e miolo mole. Cortei a ligação! Não sem antes mandá-lo para onde todos os chatos são mandados por aqueles que perdem a cabeça, perdem a paciência... mas não perdem o caminho de casa. Pois foi o que eu fiz. Nem passei no RH (só estava lá há dois dias). Amassei o bilhete, joguei no lixo e ganhei a rua.

Nessas horas de angústia e nervoso, a vontade fumar chega a ser insuportável. Estava sem dinheiro para comprar um maço. Só tinha a grana do ônibus. Por conta desse bendito emprego eu já havia largado o cigarro... só não me lembrava onde!

Entrei em casa, tirei os sapatos, a calça, fiquei à vontade e já fui revirando tudo. Em algum lugar haveria de encontrar uma bituca que fosse! Achei tudo que não precisava: um prendedor de cabelo, o controle da TV, a tampinha do meu esmalte... até um isqueiro!

Minha salvação estava na gavetinha do criado-mudo no quarto. Ao abri-la, lá estava ele me dando as boas-vindas... um cigarro Marlboro mais amassado que o bilhete da minha demissão! Agarrei-o como um refugiado agarraria uma coxa de frango!

Corri para a cozinha, na ânsia de tomar um café e aí, sim, fumar o Marlboro amassado. Coloquei o cigarro na mesa ao lado da garrafa térmica, torcendo pra haver um resto de café (meu pó havia acabado). Ao tentar abrir a térmica, constatei que desgraça pouca é bobagem. A tampa estava emperrada e, força daqui, força dali... abriu! Mas abriu num tranco e acabei deixando a garrafa cair sobre a mesa, entornando o último restinho de café sobre meu último cigarro.

Senti uma espécie de vertigem quando vi o cigarro totalmente impraticável, ensopado de café morno. Ainda tentei, sem sucesso, enxugá-lo com um papel toalha... nada! Simplesmente se desmanchou todo! E eu também... totalmente enfezada e o cigarro encafezado!

Começou a subir uma coisa ruim pela minha garganta, um gosto de fel... sei lá! Deu uma vontade de chorar, mas nem isso eu consegui. Precisava falar com alguém, desabafar... até me ocorreu ligar pra minha tia. Mas na hora deixei de lado essa ideia. Minha tia? Nem pensar... ter de ouvir todo um rosário de reprimendas, críticas destrutivas, censura... não! Definitivamente falar com minha tia, estava fora de cogitação!

Voltei para o quarto com a intenção de olhar a gaveta do outro criado-mudo. Quem sabe haveria outro cigarrinho. Abstinência de nicotina é coisa brava. Olha... naquele momento se alguém me oferecesse um maço de cigarro em troca da minha tia, não pensaria duas vezes "Negócio fechado!" eu diria. "Leva de brinde um ex-marido fujão!"

Uma bela tragada, naquele momento, seria como uma luz no fim do túnel. Se bem que, do jeito que eu estava, uma luz do fim do túnel não me surpreenderia se fosse um trem. Entrei afoita no quarto e fui direto para o outro criado-mudo. Incrível como uma má onda sempre atrai outra. Ao caminhar depressa, descalça, em direção do criado-mudo, na ânsia desesperada de achar outro cigarro, mesmo que amassado, outra tragédia!

No meio do caminho havia minha cama e na cama havia um pé. Não o meu! O meu veio logo em seguida, com seu dedinho cego e desavisado. Foi ali, senhoras e senhores, foi ali na quina do pé da cama, que eu bati e quase arranquei o meu dedinho fora! Em um milésimo de segundo, meu cérebro recebeu a informação do que havia acontecido lá embaixo e pensou: hummm! Isso tem de doer!

E doeu! E eu soltei um urro que faria Mufasa sentir vergonha! A dor foi aumentando e eu senti que minha alma havia se deslocado alguns centímetros pra fora do corpo. A dor foi irradiando pra outras regiões: perna, barriga, braço... até meu RG estava doendo. Sentei na cama, segurando o dedinho, já roxo e inchado, e me vi no espelho do guarda-roupa. Estava desfigurada de dor... já meio verde! Acho que estava virando o Hulk...

Conforme a dor foi aumentando foi aumentando também minha capacidade de xingar. Soltei todos os palavrões que eu conhecia. Os mais cabeludos, finalizando com aquele em que enalteço a entidade materna do pé da minha cama. Shrek ficaria corado...

Manquitolando, voltei para a sala. Precisava de ajuda. Coloquei uma calça de moletom (estava com minha área de lazer toda exposta) e, me apoiando em uma vassoura ao contrário, como uma bengala, saí para fora pra chamar o meu vizinho. Sorte que ele veio rapidinho e, ao me ver descabelada com uma vassoura, provavelmente achou que estava me preparando para o Halloween.

Pedi a ele que me levasse a um posto médico e ele foi um anjo. Ajudou-me a entrar no carro e levou-me ao médico. Depois trouxe-me de volta pra casa e ajudou-me a deitar, com o pé engessado.

Mais tarde, deitada no meu sofá, na mais completa depressão, sem saber o que fazer da vida... cheguei até a pensar em suicídio! Por que não? É uma solução rápida... como seria? Gás? Tiro? Jogar-me no viaduto? Lembrei-me que cortaram o gás! Também não tenho revólver... e onde moro não tem viaduto! Meu Deus, que fase! Nem pra se matar... foi quando bateram na porta.

Era Anita, a esposa do meu vizinho salvador. Com um enorme lenço cobrindo a cabeça, veio trazer-me uma quentinha com comida. Disse-me ela que com o pé engessado eu não conseguiria fazer nada: "Não é grande coisa, mas espero que lhe ajude!". Depois contou-me que faz tratamento para câncer e que o João, seu marido, está desempregado. "As coisas estão difíceis para nós, mas com fé e otimismo, chegaremos lá! Você também! Tenha fé e não deixe a esperança morrer! Sugiro você procurar alguém com quem possa conversar abertamente sobre seus problemas". Disse ainda que eles se mudariam pra casa dos pais dele onde teriam mais recursos. Ela ajeitou a manta que me cobria e saiu deixando meu coração do tamanho de uma ervilha.

Nesse momento, ainda deitada em meu sofá, foi que consegui chorar. Chorar de verdade. De medo. De arrependimento. Principalmente de vergonha... câncer? O marido desempregado? E eu maldizendo a vida por causa de um banho gelado, falta de cigarros, um emprego perdido e um dedinho machucado? E eles ainda tiveram a maior disposição para me socorrer...

Cobri minha cabeça com a manta e fechei os olhos. Então eu vi a luz... não aquela luz que nos leva para o andar de cima. Mas a luz em forma de esclarecimento, de entendimento... meus vizinhos Anita e João mostraram-me que os problemas são inevitáveis e dificilmente conseguimos detê-los. Foi aí que eu me perguntei: e o que está no nosso controle?

Com a bondade estampada naquela face doentia, Anita mostrou-me que o que está nosso controle é a maneira como lidamos com nossos problemas. Mesmo lutando contra uma doença ruim e uma situação de desemprego, Anita e João tiveram a maior disposição para me socorrer, foram bondosos comigo. Fizeram deles os meus problemas e tiveram atitudes positivas.

Com a cabeça ainda coberta e com lágrimas nos olhos, continuei refletindo sobre aquelas boas atitudes de Anita e as suas poucas palavras. Sim, aquele casal ensinou-me algumas lições e a primeira delas é que temos de aprender a suportar nossas frustrações. Mas como fazer isso? Novamente aquela luz... temos de assimilar a ideia de que não podemos tudo. O que queremos nem sempre é possível realizar. Temos de aceitar os "nãos" da vida e a lidar com eles como se fossem desafios e não problemas.

Nossa... aquela luz foi de fato uma revelação! Tudo ficou claro para mim... num instante aprendi que tenho de lutar para o meu crescimento espiritual, para a minha evolução como pessoa e como espírito.

Nunca mais tive notícias de Anita e João. Além de muitas saudades, aqueles dois deixaram uma lição que jamais esqueci: ser feliz com meus problemas.

Lembrei-me de sua sugestão de procurar ajuda com alguém. Mas quem? Um terapeuta? Quem sabe...

Capítulo 2

Descobrindo a Terapia

A leitura até aqui já mostrou a você que viver é enfrentar problemas. Estão sempre chegando à nossa porta, como chegam as contas de luz, água e o caminhão do lixo. Você viu também que a maneira como lidamos com esses problemas, encarando-os como desafios, é que faz toda a diferença!

Depois você leu sobre aquele meu fatídico dia, em que eu, Rosa Maria, comecei esse dia com um forçado banho gelado. Depois perdi meu emprego. Na sequência me desesperei de vontade de fumar e, por conta desse vício, pra fechar com chave de ouro, quebrei o dedinho do pé. Ou seja, cheguei ao fundo do poço... deu até pra sentir a lama nos meus pés. Mas depois conheci melhor meus vizinhos, João e Anita. João que me socorreu das dores no meu dedinho quebrado e Anita, que me socorreu das dores da minha alma em frangalhos.

Depois de 20 dias, tirei o gesso do pé. Nossa...que alívio e que trauma! Nunca mais andei descalça. Mas foi reencontrar o paraíso. Senti-me motivada, esperançosa... tanto que fiz uma faxina monstro na minha casa. Porque alguém já me disse um dia ou eu li em algum lugar que "casa limpa e organizada é mente equilibrada". Isso era tudo que precisava naquele momento: equilíbrio e coragem pra organizar minha vida. Graças aos céus, consegui arrumar um emprego como vendedora de cosméticos e, assim, ter dinheiro pra seguir o conselho de Anita, ou seja, procurar um terapeuta.

Bem, dois meses depois eu já estava firme no meu novo trabalho e já fazendo sessões de terapia. Foi outra surpresa boa! Eu imaginava que terapia fosse apenas um bate-papo com o terapeuta. Que nada! As sessões me levaram a refletir e a identificar as origens dos meus sofrimentos e aí, sim, a partir daí, com ajuda da terapia, encontrar maneiras de vencer os obstáculos. Sozinha eu jamais conseguiria isso!

Na minha primeira sessão, a minha terapeuta falou sobre a dor. Tanto sobre aquele tipo de dor que eu senti no dedinho quebrado, quanto aquela dor que eu senti na alma, quando tudo parecia desabar na minha vida.

A Dor

Chutar com o dedinho o pé da cama dói coisa que preste! Dar uma martelada no dedão também! São momentos em que você berra todos os palavrões que você conhece e os que não conhece. Essa dor que você sente nessas fatídicas ocasiões é uma dor física.

Mas há outro tipo de dor: a dor da alma! Esse é aquele tipo de dor que vai mexer com a sua cabeça, sua mente e, consequentemente, vai mexer com seu físico também. Vai acabar impactando em todas as áreas da vida de uma pessoa. Por isso é importante dar atenção a essa dor emocional com a mesma seriedade com que você dá às dores físicas. Claro, e procurar os remédios efetivos e adequados para a cura. Isso porque a dor é uma experiência sensitiva ou emocional desagradável relacionada a uma lesão seja corporal, seja psíquica. Sentimos dor quando saímos de uma zona de estabilidade, ou de conforto, por meio de alguma ocorrência desagradável.

"A dor continua sendo uma das grandes preocupações da Humanidade" disse o prof. dr. Manoel Jacobsen Teixeira – Neurocirurgião da Faculdade de Medicina da USP. Desde o tempo em que morava em cavernas e almoçava carne de mamute, o Homem sempre procurou descobrir por que, às vezes, sentia dor e o que ele deveria fazer quando isso acontecesse. Os analgésicos ainda estavam muito longe de serem inventados!

Alguns registros gráficos desse remoto passado da humanidade, mais os documentos escritos posteriormente, comprovam essa pré-histórica preocupação. Hoje sabemos, segundo o doutor Manoel Jacobsen Teixeira, "que a expressão da dor varia não somente de um indivíduo para o outro, mas também de acordo com as diferentes culturas".

Atualmente, qualquer dor física pode ser monitorada quando algo está diferente no corpo. Isso porque uma dor física sinaliza, imediatamente, para a necessidade de se dar mais atenção à saúde; ou que medidas urgentes devem ser tomadas para sanar algum desequilíbrio fisiológico. No entanto, no que diz respeito à dor psicológica, nem sempre se age da mesma forma.

Dor emocional

Em algum momento da vida, sentimentos como tristeza, ansiedade, depressão, rejeição... são caracterizados como dores emocionais. Esses são exemplos de sentimentos que desequilibram a ordem psicológica e comportamental da pessoa. Consequentemente, eles trazem um incômodo tremendo, que pode desencadear sensações negativas. Em muitos casos, se não houver um tratamento adequado, pode levar a pessoa a atitudes extremas.

Veja aqui alguns exemplos de gatilhos que podem desencadear esses sentimentos:

Solidão

Aqueles que se relacionam pouco com outras pessoas ou que perdem laços importantes ao longo da vida podem se sentir solitárias. Quanto mais uma pessoa se sente solitária, mais ela tende a se isolar e criar um "ambiente" propício para o desenvolvimento de situações de maior desequilíbrio emocional com mais prejuízos físicos ou não físicos.

Baixa autoestima

A autoestima nada mais é do que a sua própria opinião sobre você. Se você tem determinação e segurança em tudo que faz; se você tem plena satisfação com você mesmo; se você reconhece e valoriza suas qualidades... então sua autoestima está lá no último andar. Mas, ao contrário, se a opinião que você tem de você mesmo não é lá muito boa é sinal de que sua autoestima está no térreo. Sinal de que você não está se aceitando como é, tem dificuldade em aceitar seus próprios erros e não consegue reconhecer seus potenciais. Que eles existem, acredite!

Lembre-se: a autoestima baixa acaba gerando uma ameaça constante para a saúde emocional. Quem não cultiva o amor-próprio e não acredita no próprio potencial tende a se inferiorizar e afundar por conta própria. Assim, logo haverá espaço para vulnerabilidade, autocrítica e outros sentimentos negativos.

Rejeição:

Especialistas são unânimes em afirmar que a rejeição é uma das feridas emocionais mais difíceis de se lidar. Porque a gente não as vê e não dá pra colocar um band-aid! Mas essas feridas se instalam em nossa alma e lá ficam conosco por muito tempo! Essa rejeição pode vir de amigos, parceiros românticos, de familiares, colegas de trabalho... e olha que nem sempre houve intenção objetiva de rejeitar você por parte deles.

Ao se sentir rejeitada por alguém, a pessoa desenvolverá sentimentos ruins, que resultam em questionamentos sobre o próprio valor e importância. Essa autocrítica é, muitas vezes, infundada, mas pode causar fortes dores emocionais.

Perdas e traumas

Há dois tipos de morte: um que a gente sabe que vai acontecer e outro que chega sem aviso prévio. Em ambos os casos, há traumas pela perda. Principalmente quando aquele que se foi vai deixar bastante saudades. No primeiro tipo, em que a morte já é esperada (alguém com uma doença terminal, por exemplo), talvez esse trauma não gere uma ferida emocional tão profunda. Haverá, claro, tristeza e abatimento, mas uma ferida de fácil cicatrização.

Já no segundo caso, quando a morte vem como vem o ladrão à noite, de repente, (um acidente violento, um suicídio, um desastre...), o trauma pela perda repentina é enorme e a ferida emocional que se instala é muito difícil de se curar. Isso porque, quando a pessoa passa por uma situação dessa, em que perdeu alguém muito importante, fica muito difícil esquecer esse trauma. Por isso essas feridas emocionais, causadas por perdas repentinas e irreparáveis, são difíceis de se curar. Mas são curáveis. Acredite!

Fases da dor

Negação

Nessa primeira fase da dor, todas essas turbulências emocionais como solidão, baixa autoestima, rejeição, perdas e trauma... trazem aquela vontade de chorar, levam ao desespero, liquidam com a esperança e tudo que a pessoa vê à sua frente é uma névoa cinzenta de incertezas. Os olhos da alma ficam com a visão nublada e não conseguem ver a luz no final do túnel. Resultado: perde-se quase que totalmente a força física, a vontade de se mexer, comer... enfim, viver! Mas é interessante observar que, apesar de tudo isso, nessa primeira fase há um sentimento muito forte de negação. Ou seja, essas turbulências não são levadas a sério e a pessoa, desesperadamente, procura fugir desse cenário nefasto. A vida parece bagunçada e terrível durante essa fase.

Indignação

Depois da negação, ou seja, depois das tentativas frustradas de se isentar dos problemas emocionais, a pessoa entra numa fase de raiva, ira... de indignação mesmo! Então, do mais recôndito da alma, ecoa as inevitáveis perguntas: "Por que eu? Por que comigo?" Por quê? Por quê? As respostas que vêm da própria alma são difusas e confusas, o que aumenta mais ainda aquele sentimento de raiva de si mesmo, por estar passando por aquela situação absurda.

Conformidade

Se lhe perguntassem, agora, qual é o oposto de coragem, sua resposta seria... covardia? Não está errado... mas, nesse complicado mundo dos problemas emocionais, a resposta mais adequada seria... conformidade ou comodismo! Porque, se a pessoa não está com coragem para enfrentar as turbulências emocionais da vida, ela se conforma. Ela aceita e vai guardando e conservando essas mazelas nos escaninhos da alma. Aliás, a filosofia da maioria das pessoas é a conformidade e a única recompensa que ela oferece é que todo mundo gosta de você... menos você mesmo!

Mas pergunta-se: como se consegue ignorar a dor? O sofrimento? O ser humano tem uma saída fácil... ele tem um verdadeiro talento para criar desculpas para tudo. Ele sempre consegue dar um jeitinho de colocar panos quentes (ou gelados) em cima dos problemas emocionais. Essa atitude é uma das principais ferramentas da conformidade. A dor e o sofrimento passam a fazer parte da rotina e se distanciam cada vez mais das soluções.

Veja... a conformidade e o comodismo são péssimas receitas para o seu bem-estar emocional, porque se conformar ou se acomodar significa desistir. Além disso, a conformidade pode até camuflar o sofrimento e lhe dar uma falsa sensação de alívio e uma aparente, apenas aparente, felicidade. Você conhece a história que diz... por fora bela viola, mas por dentro... isso mesmo! Então fuja da conformidade, do comodismo, e enfrente seu sofrimento. Você só se supera quando enfrenta o sofrimento. Não quando foge dele. Pense assim: viver sem problemas é humanamente impossível. Que bom... pois é o sofrimento, quando encarado sob essa ótica, que nos constrói e nos eleva.

Portanto, levante a bandeira da inconformidade, da insatisfação, porque para estar evoluindo é preciso estar insatisfeito sempre e não conformado.

Vazio e incapacidade

A dor e o sofrimento nos leva a um estado de tristeza. Isso é fato! Isso porque a tristeza nada mais é do que o primeiro resultado da conformidade. Como dissemos antes, a conformidade leva a uma falsa sensação de alívio, de uma aparente felicidade. A verdade é que a dor e o sofrimento passaram a fazer parte de você, das suas rotinas e você, então, consegue disfarçar bem tudo isso. Para as pessoas ao seu redor você está feliz, mas por dentro você está triste. Assim você vai vivendo, a ponto de não estar mais triste por causa dos problemas emocionais. Está, sim, triste porque você se acostumou a isso, se conformou, se acomodou... a tristeza começou a fazer parte do seu dia a dia.

Aí, acredite... os dias ficam mais chatos, nada faz sentido, não há ânimo para fazer seja lá o que for, nada vale a pena. Parece que a única coisa a fazer é deitar na cama, cobrir a cabeça e dormir. Como se o sono fosse a única saída, quando se consegue dormir, claro! Esse é o cenário ideal para que, sem você perceber, seja instalado um mal maior: a depressão!

Frustrações

Olha... é impossível a gente passar por esta vida sem ter a nossa cota de frustração. Pequenas ou grandes, as frustrações existem e, dependendo do tamanho, pode nos levar à incapacidade de viver uma vida feliz. Como dissemos no item anterior, a dor e o sofrimento nos levam a um estado de tristeza, a um estado de total prostração. As tentativas de se livrar desse estado de coisas, sem conseguir, nos trazem um sentimento muito grande de frustração.

Nessa fase, a pessoa luta para se livrar dessa tristeza. Já não bastam a dor e o sofrimento, ainda vem essa tristeza? Está certo que a tristeza é uma condição natural nos seres humanos. Mas como se livrar disso? Afinal temos de viver e conviver, pois há a família, o trabalho, os amigos... ora, a vida não é triste. Há, sim, horas tristes. Nessas horas, algumas pessoas costumam apelar, procurar apoios mais, digamos... exóticos: drogas! O objetivo é fugir dos sentimentos ruins, da tristeza... procurando criar boas sensações para aquelas horas de tristeza.

Começa-se pelas drogas lícitas ou "leves", como fumo, álcool e medicamentos. Mas nunca serão suficientes e então apela-se para as drogas ilícitas e mais "pesadas". O problema é que isso vai agravando na medida em que a pessoa vai precisando aumentar as doses. Rapidamente, o que era só tristeza passa ser um problemão daqueles. Um não... vários: ansiedade, depressão, amargura, desesperança e o pior: dependência química!

Diagnóstico patológico

Eis o momento de se procurar ajuda! Isso, fatalmente, acontece quando todas as tentativas de se amenizar o sofrimento se esgotam e torna-se necessário buscar ajuda de um profissional em psicopatologia. O nome assusta um pouco, mas não é um bicho de sete cabeças (talvez umas cinco!) A psicopatologia nada mais é do que o estudo dos transtornos mentais e comportamentais que afetam a saúde mental de uma pessoa. Psico diz respeito às atividades mentais ou espirituais; já a patologia analisa e estuda o corpo humano no sentido de diagnosticar doenças. Simples assim.

Portanto, a psicopatologia vai analisar e descobrir as origens das dores emocionais e diagnosticar o grau de sofrimento e todos os prejuízos causados à pessoa por essas anormalidades emocionais. Mas o que é "anormal" e o que é patológico? Há uma diferença a ser observada, na medida em que cada indivíduo tem um contexto, social e individual. diferente. Aliás, nem todo comportamento anormal é patológico.

Por exemplo: você vai conferir seu joguinho na loteria e descobre que esqueceu de jogar e que, se tivesse jogado, teria ganhado. Pronto! Imediatamente, bate uma chateação, uma tristeza, do tamanho do prêmio que você perdeu. É uma reação normal, básica, que se tem após uma perda simples. Claro que isso varia de acordo com a idade, gênero, cultura e valores sociais. Mas é uma reação normal que não vai impactar seriamente no seu estado físico. A não ser que você bata a cabeça na parede com raiva e faça um galo. Mas aí, um pouco de gelo resolve!

Entretanto, veja bem... a linha que separa o normal do patológico às vezes é imperceptível. Por isso o diagnóstico deverá ser feito por um profissional qualificado, seja um psicólogo, seja um psiquiatra. Porque a patologia vai tratar comportamentos extremos, emoções e pensamentos que causam sofrimentos que impactam fisicamente a pessoa, interferindo negativamente em sua vida diária e relacionamentos. Esses sintomas, seguramente, podem indicar a presença de transtornos psicológicos e más condições de saúde mental que, claro, exigem uma intervenção profissional. Somente por meio da terapia, é possível lidar com essas questões, incluindo melhores esclarecimentos para compreensão da psicopatologia.

Morte

Infelizmente, há casos em que a pessoa não teve força suficiente para reconhecer que o mundo não estava contra ela. Não consegue vencer seus demônios, mesmo usando toda a coragem que ainda resta dentro de si. Nesse momento, em que o sofrimento se torna insuportável, vêm à tona pensamentos sombrios, cujo foco é elaborar o final da própria existência. Porque, para ela, a morte é seu último refúgio, sua última tentativa de, finalmente, encontrar a paz tão sonhada. Aqui já não estamos mais falando de coragem ou covardia, mas de desespero. Como se o fim da esperança fosse o começo da morte. Mas essa não é a única saída! A vida é algo de muito precioso e nunca devemos desistir dela... mesmo que a morte seja a opção mais fácil.

Dor X Sofrimento

Como foi dito, a dor se torna um sofrimento pelo simples fato de não se dar a devida atenção a ela. Quando essa dor é ignorada por muito tempo, se torna um sofrimento. Enquanto dor, a cura é muito mais fácil, pois a definição dela é imediata e a remediação mais eficaz. Já o sofrimento é mais difícil de se curar e o processo de reconhecimento é complicado, pois deve-se trazer toda a dor à tona e, nesse momento, a pessoa está cansada e rejeita todo tipo de aceitação de algo que foi extremamente dolorido.

Agora a pergunta que não se cala, principalmente depois de toda essa teoria sobre dor e sofrimento: Como vencer o sofrimento e evitar a dor?

Vence-se o sofrimento com iluminação, despertar da consciência e autoconhecimento. Aventuras "cinematográficas" que o próprio Steven Spielberg levaria para as telonas e todos os demais para o divã.

Cuidando da saúde emocional

Há um antigo ditado em latim que diz o seguinte: *mens sana in corpore sano* (uma mente sã num corpo são). Esta é uma citação latina do poeta romano Décimo Júnio Juvenal, que era muito fã do grego Pitágoras, que defendia a necessidade de se controlar os pensamentos e dar manutenção ao funcionamento do corpo. O próprio Pitágoras já dizia: "Não faça do seu corpo, a tumba da sua alma".

De fato, a saúde física exige, todos os dias, cuidados como banhos e escovação de dentes, cuidados com cabelos, unhas, pele... praticar atividades físicas e levar a sério uma reeducação alimentar. Incluindo aí tornar agradáveis o ambiente de moradia e de trabalho. Assim, a mesma preocupação deve-se tomar com a saúde psíquica, tomando medidas para se chegar ao grande objetivo que é o bem-estar mental e emocional.

Lesões físicas ou emocionais, quando simples, podem até curar-se por si mesmas. Uma coisa é dar uma martelada no dedão ou ficar "p" da vida porque seu time perdeu o campeonato nos pênaltis. No caso do dedão, bastam gelo e alguns palavrões. No caso do seu time, "na próxima a gente ganha" e vida que segue. Mas a vida nem sempre é simples assim... em vez de martelada no dedão a pessoa pode sofrer um infarto; ou em vez de perder um campeonato, a pessoa pode perder um ente querido. Aí a coisa é mais complicada! Essas lesões mais sérias, tanto físicas quanto emocionais, requerem profissionais e ferramentas mais adequadas para ao tratamento.

Veja... se uma pessoa sente uma dorzinha esquisita e inexplicável no coração, ela tem de procurar um cardiologista. Se ao tomar um sorvete o dente dói, já tem de marcar uma consulta com o dentista. Agora, se o problema for psicológico, ela tem de procurar alguém que seja qualificado para descobrir as causas desse transtorno emocional e aplicar o tratamento mais apropriado.

 Por isso que um psicólogo, um psicanalista ou um terapeuta são os únicos profissionais aptos para esclarecer qualquer dúvida sobre um possível desequilíbrio emocional. São eles que vão evitar o comprometimento de uma vida de qualidade e abrir novos caminhos, iluminando outros e trazendo novas perspectivas e decisões para a jornada temporariamente humana nesses tempos diferentes.

Se você está enfrentando dificuldades emocionais, vivenciando sintomas de transtornos mentais ou simplesmente deseja promover o seu bem-estar emocional, a terapia pode ser uma ferramenta eficaz para ajudá-lo a enfrentar esses desafios.

Capítulo 3

Durante o intervalo para um café, em uma das minhas sessões de terapia, perguntei à minha terapeuta o que mais a fascinava no corpo humano. Alguns segundos depois percebi o quanto estava fazendo uma pergunta besta! Claro que, para alguém exercendo uma profissão como a dela, a única resposta, pelo menos a mais provável, seria o cérebro. Mas ela, com toda paciência, me deu uma resposta bastante coerente com suas convicções religiosas e confirmando o que eu não sabia que sabia:

___ Rosa Maria... ___ disse ela___ ... ao colocar o Homem neste mundo, Deus não brincou em serviço quando lhe equipou com um cérebro, a máquina mais complexa do Universo. Sim, querida, o cérebro é a parte do corpo que mais me fascina.

Fiz-lhe uma pergunta de leiga que sou. Como seria possível entender o cérebro? Ela respondeu-me lembrando uma frase de um escritor norueguês, Jostein Gaarder, que disse: *"Se nosso cérebro fosse tão simples a ponto de podermos entendê-lo, seríamos tão tolos que continuaríamos sem entendê-lo."*

Num primeiro momento, fiquei na mesma! Mas antes que eu continuasse perguntando, ela me explicou que é muito comum as pessoas encararem o coração como sendo o centro de nossas emoções, quando na verdade essa é uma função do cérebro. Sentimentos como medo *(nossa, fiquei com o coração na mão!)*; bondade *(ele tem um coração de manteiga!)*; dó *(É de cortar o coração!)*; amor *(Meu coração bate feliz!)*; e por aí vai!

Na verdade todos esses sentimentos são produzidos no cérebro. O coração é apenas um músculo que bombeia sangue para o resto do corpo, incluindo o cérebro. Ele, sim, é o centro de todas as nossas emoções. Muito comum as pessoas fazerem essa confusão! Nosso cérebro, disse-me ela, é a mais perfeita máquina já criada. É um verdadeiro presente de Deus, onde encontramos todos os segredos... incluindo a felicidade! Mas, como toda máquina, é preciso saber operá-la com sabedoria. Foi nesse momento que ela lembrou de um diálogo entre o Espantalho e Dorothy, personagens do romance O Mágico de Oz:

___ Olha... o que eu quero mesmo... ___ disse o Espantalho___ ... é um cérebro, em vez de um coração.

___ Mas por quê?___ perguntou Dorothy.

___ Ora, porque eu não tenho um cérebro... só tenho palha!

___ Você não preferiria um coração? ___ insistiu a menina.

___ Não! Quero um cérebro em vez de coração. Porque um tolo não saberia o que fazer com um coração se tivesse um.

___ Mas escuta... ___ indagou Dorothy ___ se você ainda não tem um cérebro, como você consegue falar comigo?

___ Isso eu não sei...___ respondeu o Espantalho ___ ... o que eu sei é que há muitas pessoas que parecem não ter cérebro e falam até pelos cotovelos, não é?

___ É... acho que você está certo! ___ respondeu a menina, franzindo a testa e segurando o queixo!

Na verdade, disse-me minha terapeuta, não é tanto o cérebro que importa nessa história toda. O que vai importar mesmo é tudo aquilo que o orienta como o caráter, a generosidade, a caridade, as boas ideias... ou seja, sentimentos positivos. Mas quando o cérebro é mal orientado surgem os sentimentos negativos como o medo, a frustração, a agonia, a aflição, a raiva e por aí vai. Às vezes esses sentimentos podem oscilar entre o positivo e o negativo, como a surpresa e o orgulho.

Nesse ponto quis continuar a fazer perguntas, mas ela, entusiasmada com esse tema, continuou a falar sobre toda a complexidade desse órgão fantástico que é o cérebro. Eu achei muito interessante...

Ela explicou que, para o nosso mundo externo ficar bem e termos uma vida mais prazerosa, e que possamos desenvolver pensamentos positivos, é preciso que o nosso mundo interno esteja equilibrado.

O mundo exterior é resultado do mundo interior, ou seja, o psicológico também é fisiológico, pois o corpo expressa fisicamente as emoções.

Como anda o seu mundo interior?

Na hora fiquei meio sem saber o que responder, quando ela me fez essa pergunta. Mesmo assim ela me deu algumas orientações, tipo: ouça seu corpo agora e pergunte-se: como está se sentindo? Falar de emoções com o cérebro é o mesmo que fazê-lo se olhar e verificar as relações químicas que estão acontecendo naquele momento. Para que o corpo e a mente estejam bem, o organismo precisa estar funcionando em harmonia. Como consigo isso? perguntei. Simples... observando a alimentação, o sono, a prática de atividades físicas e assim por diante.

Tudo isso afeta diretamente o cérebro, que é o responsável por dar comandos a todos os outros órgãos. Mas nunca se esqueça, sentenciou ela, que o cérebro sofre influências dos pensamentos. O cérebro, assim como um supercomputador, é passível de programação. Se você programar o computador com o conceito de que 2 + 2 é igual a 5, o que você acha que ele vai responder quando perguntarem quanto é 2 + 2?

Ele vai responder errado... 5. Porque assim foi programado! Desse modo também é o cérebro, que deve ser bem programado com bons pensamentos para que ele receba, sempre, boas influências.

Seu cérebro, querida, é um órgão que pesa mais ou menos um quilo e meio e possui cerca de 86 bilhões de neurônios, que são células especializadas na transmissão de impulsos nervosos. Mas, para funcionar a contento, ele precisa de energia. Por isso, diariamente, ele consome cerca de 500 calorias. Aliás, 20% de todo oxigênio que você respira é só pra ele. Bem, ninguém trabalha de graça, pensei.

O cérebro, alojado dentro da caixa craniana, é dividido por uma abertura bem estreita feita de comprido. Essa abertura é conhecida como *fissura longitudinal*, que divide o cérebro em duas partes chamadas de hemisfério, portanto dois hemisférios.

Norte e Sul? perguntei, dando uma prova incontestável da minha total ignorância sobre o cérebro. Ela deu uma gargalhada e me explicou que Norte e Sul são os hemisférios do planeta.

Ah, tá, ok! Mas e no cérebro? O que são esses hemisférios? perguntei. Ela, claro, com a maior paciência explicou-me que muitas pessoas pensam no cérebro como sendo uma única massa. Porém, quando examinado mais de perto, pode-se ver que há uma abertura estreita de comprido dividindo o cérebro em duas metades. Essa abertura é a tal da *fissura longitudinal*, que eu lhe disse antes, e essas duas metades são conhecidas como *hemisférios do cérebro*.

Os cientistas já descobriram, há muito tempo, que o hemisfério da direita controla o lado esquerdo do corpo e o hemisfério da esquerda controla o lado direito. Mas veja bem: esses dois hemisférios do cérebro são separados, mas não são completamente independentes um do outro. Eles estão conectados e estão sempre trocando figurinhas entre si.

Ela explicou, também que, dentro de cada hemisfério, existem seções menores conhecidas como lóbulos, que são pequenos lobos cerebrais. Lobos? perguntei, já imaginando uma verdadeira matilha dentro da nossa cabeça. É isso mesmo, ela respondeu rindo, explicando que, na verdade, lobo nada mais é do que o diminutivo de lóbulo. Olha, Rosa, tudo que você é, tudo que você pensa... está aí dentro desse órgão fascinante e complexo, o cérebro, uma prova incontestável do nosso sucesso como espécie em constante evolução.

Aliás, os lobos cerebrais constituem as quatro grandes áreas (frontal, parietal, temporal e occipital) do cérebro. Esses lobos trabalham sempre em harmonia e é neles que se instala a nossa consciência; é por causa deles que temos uma linguagem, uma memória... é com eles que regulamos nossas emoções enfim, são eles que ocasionam inúmeros outros processos. Esses lobos cerebrais são, na verdade, divisões do córtex cerebral, que é uma espécie de camada externa que recobre os dois hemisférios.

Sabe, Rosa Maria... explicar o cérebro, com todos os seus detalhes de anatomia, estrutura, funções, levaria muito tempo porque é um órgão por demais complexo. Sobre ele já se escreveram volumes e mais volumes, porque o cérebro é mais, muito mais, do que um simples acúmulo de neurônios. Até mesmo essa comparação que eu fiz, agora há pouco, do cérebro com um supercomputador é muito pequena para refletir toda a grandeza do cérebro..

Eu disse a ela que, sendo assim, o cérebro nada de braçadas sobre qualquer supercomputador. Ela, rindo, concordou comigo e me explicou que, tecnicamente falando, pra se entender melhor o cérebro, é importante saber que cada um dos hemisférios cerebrais controla um lado do corpo, exatamente o oposto de cada lado dos hemisférios.

Por exemplo, aquela topada com dedinho do pé esquerdo que eu dei no pé da cama... então, os impulsos de dor criados pelos nervos do meu dedinho foram enviados para o lado direito do meu cérebro.

Bem, Rosa, completou ela... resumindo porque, como eu já disse, esse tema é tão complexo que eu não quero dar um nó no seu cérebro. Veja este pequeno esquema:

Sistema Nervoso Central - constituído pelo encéfalo e pela medula espinhal.

Encéfalo - dentro do crânio, ele apresenta três órgãos principais: o cérebro, o cerebelo e o tronco encefálico.

Cérebro – a gente já falou bastante sobre ele. Dentro do Sistema Nervoso Central, ele é o mais importante e está dividido em duas partes: hemisfério esquerdo e hemisfério direito.

Córtex cerebral – é a camada mais externa do cérebro, responsável pelo pensamento, visão, audição, tato, paladar, fala, escrita etc. Também é a sede da memória, do raciocínio, da inteligência e da imaginação. Além disso controla os movimentos voluntários do corpo.

Cerebelo – este fica atrás e abaixo do cérebro... ele é quem coordena os movimentos precisos do corpo e ajuda-nos a manter o equilíbrio. Também regula o grau de contração dos músculos em repouso.

Tronco encefálico – fica na parte inferior do encéfalo e conduz os impulsos nervosos do cérebro para a medula espinhal e vice-versa. Movimentos respiratórios, batimento cardíaco e reflexos como tosse, espirro e engolir é com ele mesmo.

Medula espinhal – é um tecido nervoso que fica dentro da coluna vertebral. Na parte superior, a medula espinhal está conectada ao tronco encefálico. É ela que conduz os impulsos nervosos do restante do corpo para o cérebro e coordena os atos involuntários, ou seja, os reflexos.

Na nossa próxima sessão, Rosa Maria, vamos falar mais sobre o cérebro. Vamos aprofundar um pouco mais sobre o seu funcionamento, sobre sua atuação como um verdadeiro megacomputador dentro do nosso corpo e sua importância para o bom funcionamento do nosso organismo. Você topa?

Tá topado, respondi, curiosa e ansiosa para a próxima sessão.

Capítulo 4

Quando respondi à doutora Norma, minha terapeuta, que topava continuar com esse assunto, achei que ela estava falando por falar. Porque, considerando tudo que ela falou sobre o cérebro, achei até que já tivesse esgotado o assunto. Pois sim! Parece até fofoca de novela mexicana... não acaba nunca! Olha, sinceramente? Ainda bem, porque o assunto "cérebro" ficou mais interessante ainda!

Perguntei pra ela como o cérebro, fazendo tudo que ele faz, com toda a capacidade que ele tem... aonde ele vai buscar energia pra tudo isso? Sim, porque um carro, pra funcionar, tem de pôr gasolina; um computador tem de ligar na tomada; quem quiser cozinhar almoço e janta, tem de ter gás no botijão, não é? E o cérebro...qual é o "combustível" dele?

Olha Rosa Maria, respondeu ela, você deve se lembrar do que eu já disse sobre isso. Os melhores combustíveis para o cérebro são a alimentação equilibrada, uma boa noite de sono, atividades físicas... e assim por diante. Mas, assim como o automóvel e o fogão, em que precisamos economizar gasolina e gás... o cérebro também precisa economizar energia pra manter um bom funcionamento. Porque o trabalho dele é incessante. Dura 24 horas por dia!

Fiquei pensando... sem direito a descanso semanal remunerado? Eu, hein?

Rosa Maria, a polímata

Pois é, Rosa... continuou ela... de todos os órgãos do corpo humano, provavelmente o cérebro e o coração são os que mais trabalham e nunca têm uma folguinha que seja! Sabe Aristóteles? O grande filósofo e polímata da Grécia antiga? Então... sobre o cérebro ele dizia o seguinte: Não há nada em nossa inteligência, que não passe pelos nossos sentidos. Dizia isso com muita propriedade, até porque ele tinha um cérebro privilegiado.

Aceita um chá, Rosa? disse ela enchendo a própria xícara e, antes que eu dissesse sim, ela também serviu uma xícara pra mim. Aproveitei a pausa para uma pergunta que não queria calar. Doutora Norma... perguntei... polímata é alguém que trabalha com polimento?

Com a xícara junto aos lábios, sorvendo um gole de chá, ela borrifou chá pra todo lado numa tentativa inútil de rir com a boca fechada. Depois explodiu numa gargalhada gostosa. Instantes depois ela se recompôs e reassumiu a pose acadêmica, não sem antes enxugar uma lágrima. Ainda meio séria e meio rindo, ela exclamou:

Ai, Rosa... você me pegou desprevenida! Agora não consigo imaginar Aristóteles senão polindo alguma coisa... e riu de novo sem parar! Bem, disse eu sem saber que estava fazendo uma piada... talvez polindo estátuas e colunas que era o que mais tinha na Grécia antiga, não é?

Novamente ela voltou a rir, sem parar! Devolveu a xícara à mesinha de centro, colocou a mão sobre o peito e resistiu um pouco à vontade continuar rindo. Eu, meio sem jeito (não sabia que eu era humorista!) meio que ria, meio que ficava séria. Pra mim, um polímata é um cara que trabalha polindo, seja lá o que for... estátuas, colunas, unhas... não é isso que faz um polímata?

Não, querida... explicou ela já recomposta, mas ainda com ar de riso... um polímata é uma pessoa que sabe muito, que tem conhecimento não apenas de uma área, mas de muitas áreas. Ou seja, Aristóteles era um polímata porque detinha um grande conhecimento sobre tudo.

Ah, tá.... respondi... meio frustrada, porque já estava pensando em abrir um salão de manicure, especializado em polimento de unhas. Até imaginei um luminoso fora com o texto: ROSA MARIA, POLÍMATA... suas unhas brilhando como você!

Mas Rosa... disse ela cortando meus pensamentos... eu falava sobre a frase de Aristóteles. Então, repetindo o que ele disse: Não há nada em nossa inteligência, que não passe pelos nossos sentidos. De fato, Rosa, tudo, absolutamente tudo, que você vê, ouve, cheira, sente gosto ou toca... tudo é processado imediatamente pelo cérebro. Ele absorve tudo, separa as informações que julga mais importante, deixando-as mais acessível. As informações mais irrelevantes, sem importância, ela manda para o inconsciente.

Por exemplo, quando você sai de casa para ir ao trabalho ou ao supermercado. Você olha tudo pelo caminho, ouve todos os ruídos, sente odores, talvez de uma padaria assando pães... tudo isso é irrelevante. Certamente, quando estiver em casa novamente, você não se lembrará de nenhum desses detalhes. Isso porque o cérebro registra e processa tudo que os seus cinco sentidos detectam, mas não preserva essas informações porque são irrelevantes pra você. Ele vai preservar apenas as mais importantes, ou seja, aquelas que mexeram com suas emoções ou chamaram sua atenção por algum motivo contundente.

Imagine Rosa que, na volta para casa do trabalho, você testemunhe um terrível atropelamento. Desde o horrível som da freada, o som surdo e trágico do automóvel batendo no corpo de alguém... as pessoas gritando e correndo, o corpo estendido no asfalto, sangue... enfim, tudo isso que você viu será fixado na sua memória. Porque é um fato marcante e o cérebro, imediatamente, registra isso como informação relevante. Ao chegar em casa, certamente as imagens do acidente ainda estarão frescas em sua memória e lá ficarão por muito tempo. Muito diferente do cheiro do pãozinho da padaria que, claro, foi parar no inconsciente.

Minha nossa, doutora, se eu vejo algo assim... acho que nem durmo á noite!

Normal, Rosa... todos os fatos mais chocantes que acontecem no nosso dia a dia ficam marcados em nossa memória. Exatamente por serem chocantes, marcantes. Por que não esquecemos das pessoas que nos são queridas depois que morrem? Porque elas foram relevantes em nossa vida. O cérebro sabe disso! Mas não precisa ser a morte de um parente! Por exemplo... disse ela olhando para teto tentando lembrar alguma coisa... qual foi o campeão brasileiro de fórmula 1 que morreu tragicamente em uma corrida?

Ah, Airton Senna... nossa, chorei tanto! E eu nem era fã de corridas... coitadinho!

Pois então, Rosa... esse é um fato que nunca vai sair da sua memória. Aliás da memória de todos os brasileiros. Assim como o ataque às torres gêmeas em 2001 não vai sair da memória dos americanos. Basta falar "nine eleven" pra qualquer americano, que todas aquelas horríveis imagens virão à tona imediatamente. Isso porque o cérebro, por ser um acontecimento de relevância, deixa essa informação disponível sempre. Acontecimentos marcantes ficam fixados em nossa memória!

Ficam para sempre, doutora? perguntei, lembrando de fatos marcantes em minha vida, como a minha separação daquele traste, a perda do emprego, dedinho quebrado etc... Sim, Rosa Maria, para sempre... mas com o tempo perdem a intensidade emocional, mas sempre ficarão na nossa memória. Mas apenas os fatos marcantes... detalhes irrelevantes do nosso dia a dia vão para o arquivo morto. Talvez você me perguntaria... como o cérebro faz isso? Como ele sabe o que é marcante e o que não é? Bem, ele se baseia nos nossos sentidos...as suas reações sobre o que você vê, ouve, toca, sente... é que vai dizer ao cérebro se é marcante ou não.

Mas doutora... interrompi novamente... fico imaginando uma pessoa de 70, 80 anos de idade, que viveu à beça, viu coisas de montão, testemunhou muitos acontecimentos... como o cérebro consegue registrar e processar tudo isso? Mesmo porque a gente só usa 10% dele, não é verdade?

Não Rosa Maria, não é verdade... esqueça de uma vez por todas esse negócio de 10%. Isso é uma grande bobagem criada sei lá por quem! Todas as pessoas usam 100% do cérebro. O que a gente não usa são as nossas capacidades possíveis de serem desenvolvidas. Pelo menos 100% delas! Ou porque não sabem, ou porque têm preguiça de, por exemplo, ler ou fazer palavras cruzadas, praticar atividades intelectuais... para ficar em apenas nesses exemplos. Mas há uma série de iniciativas que nos ajudam a desenvolver a capacidade de pensar e raciocinar.

Mas você me perguntava sobre a capacidade de armazenamento do cérebro. Veja, Rosa... como eu disse, ele apenas guarda os fatos mais relevantes. Detalhes sem importância vão para o inconsciente e lá ficarão esquecidos. Isso acontece, porque o cérebro precisa poupar espaço no nosso HD e, assim, não ficar sobrecarregado. Aliás, a capacidade do cérebro de fazer esse armazenamento vai além do mais super dos supercomputadores! Sua capacidade é infinita! Tanto que uma pessoa, que viva até os 90 ou 100 anos de idade, pode muito bem lembrar de fatos marcantes de sua juventude. Porque o cérebro, por serem fatos relevantes, preservou essas informações deixando-as disponíveis para a pessoa acessar quando quiser.

Mas eu não estou falando apenas de fatos marcantes ligados a tragédias, morte de parentes etc. Falo também de alguns hábitos diários que nós temos, cujos procedimentos estão como que arraigados em nossa memória. Justamente isso que os estudiosos chamam de "piloto automático" do cérebro.

Às vezes, Rosa, eu entro no banco pra sacar algum dinheiro. Vou ao caixa eletrônico, abro a bolsa, tiro a carteira, pego meu cartão, introduzo-o na máquina, digito a senha e o valor. Retiro o cartão, o dinheiro e guardo tudo na carteira. Saio do banco e, alguns minutos depois, me assusto. Será que eu tirei o cartão da máquina? Será que eu guardei? Abro a bolsa novamente, a carteira e vou conferir. Graças a Deus o cartão está lá.

Quantas vezes isso ocorreu comigo, menina! Sabe o que acontece? Enquanto eu estava no mundo da lua pensando no fato de que eu precisava de algum dinheiro, meu cérebro, depois que entrei no banco, praticamente abriu minha bolsa, a carteira, tirou meu cartão, introduziu na máquina, digitou minha senha... e o valor, claro, decidi eu quando voltei à minha consciência. Mas o resto... foi tudo no piloto automático.

Muitas coisas fazemos no piloto automático do cérebro, sem precisarmos nos dedicar conscientemente na tarefa. Dirigir, por exemplo: coisas triviais como acelerar, trocar a marcha, dar seta... são ações que não exigem muito sua atenção. O mesmo acontece também com as emoções e reações emotivas. Ou seja, nos hábitos diários... tudo aquilo que vira corriqueiro se torna automatizado para o cérebro. Exemplos assim existem aos montes e ilustram bem nosso "piloto automático", ou seja, a capacidade que o cérebro tem de realizar tarefas mecânicas repetitivas sem que precisemos prestar atenção nelas.

Assim, Rosa, vigiar os pensamentos se torna algo desafiador, justamente por conta dessa teoria da automatização. Por isso que é complicado a gente mudar algum hábito arraigado. Porque o cérebro, literalmente, luta para manter o que já é conhecido por ele. Para uma pessoa deprimida, por exemplo, ter pensamentos deprimidos é um hábito. Assim, essa pessoa dificilmente terá um pensamento positivo frente a uma adversidade.

Vamos explicar melhor isso. Rosa... o que é um hábito? Você saberia responder?

Bem... respondi meio vacilando... ou é o vício de fazer sempre a mesma coisa ou é roupa de freira, padre. Ou é os dois... sei lá! Acho que é isso...

Você não está tão errada, Rosa... disse ela condescendente... de fato, o hábito é uma espécie de rotina de comportamento. Assim como hábito também é uma vestimenta religiosa. Vestir um hábito é revestir-se de Cristo. Mas o hábito, dizem os antigos, não faz o monge, embora haja controvérsias. Mas vamos ao que efetivamente nos interessa!

Como eu já disse, o hábito é uma rotina de comportamento, ou seja, é um modo constante de se executar determinada tarefa. Cada pessoa tem hábitos próprios, embora alguns hábitos sejam comuns a todos. Por exemplo, escovar os dentes é um hábito comum a todos, mas há quem prefira escovar assim que levanta de manhã; e há quem prefira escovar depois que toma o café da manhã.

Eu prefiro escovar assim que levanto... disse eu interrompendo... pra tirar logo aquele bafão de múmia!

Pois então, Rosa... disse ela sem rir dessa vez... você partilha desse hábito com milhões de pessoas. Mas existem outros milhões de pessoas que só escovam os dentes depois do desjejum. O Importante é você saber que há hábitos bons e hábitos ruins e tanto um quanto outro são partilhados por milhões e milhões de pessoas.

Entendi... disse eu... mas doutora, como podemos mudar ou deixar um hábito ruim? Eu, por exemplo, tenho o hábito de fumar. Que não é bom, certo?

Péssimo! respondeu ela franzindo a testa e cerrando os olhos numa espécie de silenciosa repreensão. O fumo é extremamente prejudicial para o cérebro, porque causa danos sérios às artérias cerebrais, comprometendo o sistema de irrigação.

Depois dessa, até perdi a vontade de dar uma pitada!

Quebrar um hábito, Rosa, seja ele qual for, é geralmente mais difícil do que criar outro hábito. Isso porque esses maus hábitos são sempre reforçados pela prática contínua e também por fatores fisiológicos, como vício em cigarro, por exemplo, que cria dependência química. Açúcar também entra nessa conta ou entorpecentes químicos. A verdade é que o consumo desses produtos tem fortes ligações com a dopamina, um neurotransmissor associado à sensação de bem-estar.

Mas doutora, perguntei... sem querer interromper e já interrompendo: como eu posso me livrar de um mau hábito? Tem uma receita aí pra isso?

Tem sim, ela respondeu, mas o principal ingrediente é a força de vontade. Olha Rosa... quanto mais lutamos contra um pensamento ou uma vontade, mais temos vontade de fazer ao contrário. Por exemplo, você como fumante... de repente, depois de um pequeno impulso de bom senso, você diz: "Vou parar de fumar!". Imediatamente o cérebro, acostumado com esse hábito, ouve: "Acho que vou acender mais um!" e, pronto, lá se foi a força de vontade!

Estudos indicam que, uma boa saída para convencer o cérebro a mudar um hábito ruim para um bom hábito, é criar um novo hábito, bom claro, para substituir o antigo. É melhor do que ficar reprimindo o cérebro! Você pode, por exemplo, trocar os cigarros por chicletes. Mas saiba que essa troca não é de uma hora pra outra. O cérebro não é tão volúvel assim! Isso porque o cérebro, de imediato, entende que chicletes não é nicotina e não vai produzir a sensação de prazer trazida pela nicotina. O importante é manter a motivação mais forte para deixar o vício de uma vez por todas.

Pesquisas indicam que um hábito arraigado leva em média 66 dias para mudar. Mas isso não tem precisão. Pode levar mais, pode levar menos. Depende sempre da força de vontade da pessoa.

Ai, doutora... será que eu consigo largar o cigarro? Quer dizer, já larguei... só não lembro onde!

Rosa, querida, disse-me ela sem prestar atenção à minha piadinha sem graça... veja: dormir mais, fazer exercícios regularmente e, até mesmo, adotar técnicas de relaxamento como a meditação estão entre as medidas que você pode tomar para aumentar a sua força de vontade e a saúde do seu cérebro.

Doutora...agora há pouco você falou em neurotransmissor...o que é exatamente um neurotransmissor?

Neurotransmissores

Os neurotransmissores são os responsáveis pelo funcionamento do cérebro e de todas as funções do corpo como falar, andar, comer, sensações de frio, calor, dor... todas são comandadas pelas transmissões sinápticas (comunicações entre os neurônios). Eles são conhecidos como mensageiros químicos do corpo, pois são moléculas utilizadas pelo sistema nervoso para **transmitir mensagens entre os neurônios** ou dos neurônios para os músculos.

Muitos neurotransmissores são construídos a partir de aminoácidos, enquanto outros são moléculas mais complexas. Atualmente são conhecidos mais de 100 neurotransmissores. Abaixo alguns dos mais conhecidos pelas pessoas, por suas funções importantes no corpo como: a dopamina, acetilcolina, glutamato e a serotonina. Vamos ver cada um deles, Rosa...

Acetilcolina	Esse foi o primeiro neurotransmissor a ser descoberto. Ele é importante para a estimulação muscular; para funcionamento do sistema nervoso autônomo; importante, também, para regular o sono; e nas funções cognitivas como memória e aprendizagem.
Dopamina	Atua em diversas regiões do cérebro. Sua função é influenciar nossas emoções, aprendizado, humor e atenção. Também atua controlando o sistema motor. Aliás, sua falta pode afetar os movimentos.
Serotonina	Esse neurotransmissor atua em todo o organismo... das emoções às habilidades motoras. Auxilia na coagulação do sangue, nos movimentos intestinais, no bem-estar dos ossos, previne náuseas, regula o bom humor, também regula o sono, ajuda a pessoa a relaxar e é um estimulante do apetite sexual.
Noradrenalina	Esse é o neurotransmissor do "vamos à luta ou vamos dar no pé!". Frente a qualquer tipo de estresse como susto, surpresas ou fortes emoções, ele desencadeia algumas reações como: estreitamento dos vasos sanguíneos, respiração mais rápida, aumento das pupilas e aceleração dos batimentos cardíacos. Mas também colabora no prazer, concentração, excitação física e mental, bom humor...
Ocitocina	Esse é o neurotransmissor do amor! Regula as interações sociais, a expressão das emoções e da libido, aumentando o prazer nos contatos mais íntimos. No homem, diminui a agressividade, favorece a ejaculação e regula o crescimento da próstata. Na mulher, facilita o parto e a amamentação
Endorfina	Hormônio neurotransmissor que proporciona bem-estar e prazer. Permite que a pessoa tenha melhoras psicológicas, retarda o envelhecimento, melhora o sistema imunológico, cria disposição e resistência física e mental.

Para que todos esses neurotransmissores fluam naturalmente, basta ter bons hábitos que favoreçam o bom funcionamento do cérebro, entendeu Rosa?

Entendi doutora Norma, respondi, agora entendi por que o cérebro está dentro de uma caixa óssea, o crânio. Precisa estar bem protegido, não é mesmo?

Verdade Rosa, você observou bem, nesse aspecto a natureza foi bem sábia em envolver o cérebro com tamanha proteção. Mas, além disso, o cérebro precisa de mais cuidados de seu portador, para funcionar bem e sem problemas.

O cérebro precisa de cuidados

Veja bem, Rosa, ao armazenarmos lembranças em nossa memória estamos estabelecendo conexões constantes. Isso também protege nosso cérebro do envelhecimento precoce. Por isso é fundamental praticar atividades físicas, comer corretamente e lidar bem com nossas emoções.

Olha doutora, interrompi dizendo... talvez eu não esteja cuidando bem do meu cérebro. De atividade física o máximo que eu faço é levantar de manhã; comer eu como de tudo, não tenho nenhum filtro para comida. Quanto às emoções, é bom nem comentar...

Rosa, disse ela, só de você parar de fumar já é um grande avanço! Entenda... todas as nossas experiências, tudo o que vivemos é armazenado em nosso cérebro, que é formado por neurônios e células. Ele é como uma máquina repleta de engrenagens. Portanto, viver uma vida saudável e introduzir novos conhecimentos nele a cada dia, lubrifica essas engrenagens, fazendo com que essa máquina funcione cada vez melhor.

Todos nós temos um estilo de vida que, às vezes, pode acarretar doenças que poderiam ser evitadas. O estresse, a hipertensão, o colesterol ruim, a obesidade... tudo isso pode ser evitado e controlado. São problemas que, fatalmente, levam de uma simples dor de cabeça, por causa de um dia estressante, até mesmo a acidentes neuro vasculares.

Então, querida, cuidar do nosso cérebro é fundamental, por meio de bons hábitos alimentares e comportamentais, que farão a nossa massa cinzenta desfrutar de um bom estado, prevenindo ou atrasando algumas doenças.

Maus hábitos de vida como má alimentação, exposição a radiação e agentes químicos (agrotóxicos), sedentarismo, uso de substâncias químicas (cigarro, álcool) afetam terrivelmente o cérebro e influenciam nosso humor. Muitas vezes, a depressão surge porque a pessoa, certamente, não teve esses cuidados, ou seja, não cuidou do cérebro devidamente.

Neurocientistas, médicos e os queridos terapeutas oferecem conselhos que nossos ancestrais, de maneira indireta, sempre passaram de geração em geração. Ros...

vou lhe dar alguns exemplos de como cuidar bem do seu cérebro. Veja:

ALIMENTAÇÃO SAUDÁVEL

Evitar o uso exagerado de açúcar ou de sal, não consumir alimentos transgênicos (modificados), evitar alimentos muito processados. Comer muitas frutas, legumes... e proteínas na quantidade ideal para seu peso e altura. Evitar consumo de cafeína após o meio-dia. Isso porque a cafeína bloqueia receptores neurais, não deixando o cérebro perceber que você está cansada. Ter cuidado redobrado com os estimulantes além da cafeína, como bebidas energéticas que possuem muito açúcar.

SONO RESTAURADOR

O sono é aquele período em que o organismo usa para recarregar as baterias e limpar o cérebro, pois é quando a atividade corporal é bem mais baixa. Dormir as horas necessárias, de sete a oito horas diárias, regula e equilibra o organismo e suas atividades sem sobrecarregar o cérebro.

Isso manterá as células saudáveis e preparadas para seu perfeito desempenho. Evitar exposição à luz artificial durante a noite. Desacelerar no mínimo 2 a 3 horas antes do momento de ir dormir. O consumo de cafeína após o meio-dia, por mais que você ache que não há diferença nenhuma (pelo menos para algumas pessoas), afeta diretamente a qualidade do sono. Para alguns, aumenta a ansiedade e o pensamento acelerado ao tentar dormir.

A cafeína, também usada na produção de medicamentos, possui meia vida (tempo que demora para uma substância medicamentosa sair metade da composição do organismo). Essa meia vida é variável de organismo para organismo, podendo levar 4, 6 ou mais horas para sair do organismo.

Isso quer dizer que, mesmo que não perceba, a cafeína vai estar lá afetando o funcionamento do cérebro. Doenças como baixa imunidade, obesidade, diabetes, doenças cardíacas, Alzheimer, câncer são muito propensas a se desenvolver quando as horas necessárias de sono não são obedecidas.

MEXA-SE!

A prática de exercícios físicos, além de afetar positivamente todo o seu organismo, ajuda a aliviar o estresse, promove a melhora da circulação sanguínea e da oxigenação, aumenta a liberação de serotonina e de endorfinas e previne doenças neurodegenerativas. Com os exercícios, o corpo manda mais oxigênio para o cérebro, aumentando o número de sinapses. Rosa, você sabia que o remédio mais eficaz a longo prazo para a ansiedade é a prática de exercício físico?

Sabia não, doutora... respondi... agora, se sobrar um dinheirinho no fim do mês vou entrar para uma academia.

Rosa... se não puder frequentar uma academia, faça algo que é de graça. Faça caminhadas... 45 minutos três vezes por semana. E você pode fazer em duas prestações... 20 de manhã e 25 à tarde.

HIDRATAÇÃO

Isso pode parecer algo muito complexo, mas a verdade é que não é difícil cuidar bem do cérebro. Se quiser ser capaz de lembrar das coisas com facilidade, beba água. Conforme a Organização Mundial da Saúde – OMS – um homem adulto de 60kg deve beber pelo menos 2,5 litros de água por dia. Você pode até estar com a alimentação equilibrada mas, se não consumir a quantidade necessária de água, o cérebro não alcançará o desempenho máximo.

PENSE BEM!

Pensamentos também alimentam o cérebro! Imagine que você está assistindo a um filme de terror. Você sabe que aquilo não está acontecendo de verdade ou que bom que não está acontecendo com você. Ora, você sabe que se trata de uma filmagem, com atores, cenários e equipe técnica. Mesmo assim seu cérebro reage como se aquilo fosse verdade, descarregando adrenalina no seu organismo, preparando você para a luta ou para a fuga.

Quando eu assisti Anabelle, interrompi, meu cérebro só soube me preparar para a fuga porque, para a luta... eu, hein?

Ah! Ah! Ah!... riu a doutora Norma... Rosa, admiro seu senso de humor. Isso é bom para o cérebro, sabia? Mas já vi que esse humor some quando você assiste a um filme de terror. Você sente tremores, às vezes fica até suando, sente medo, vontade de tapar os olhos, fugir, sente ansiedade... tudo como se a cena fosse real! Isso acontece porque o nosso cérebro não distingue os estímulos que você envia a ele como sendo verdadeiros ou falsos. Ele apenas reage!

Agora pense em alguém que esteja tendo uma crise de ansiedade. Como isso acontece? Tudo começa com uma série de pensamentos e, de repente, todo o organismo reage com um quadro sintomático extremo, muitas vezes parecido com um ataque cardíaco. Controlando os pensamentos por meio de técnicas de respiração, na maioria dos casos consegue-se sair da crise. (Para isso é necessário treino e orientação/atendimento psicológico/terapêutico). Com isso vemos que os pensamentos afetam diretamente a forma como cérebro vai reagir e dar coordenadas a todo o organismo.

Então, Rosa... não se esqueça! São os seus hábitos que você tem no dia a dia que impactarão diretamente na saúde de seu cérebro. Ele comanda todo o organismo... por isso, é fundamental manter os hábitos mais saudáveis e, aos poucos, ir perdendo os hábitos ruins, que só fazem mal ao cérebro!

Capítulo 5

Autossabotagem

Esta semana eu estive no consultório da doutora Norma, quando ficamos lá conversando por mais de uma hora. Ela me contou tudo sobre o meu cérebro... do quanto eu tenho de cuidar dele criando bons hábitos no meu dia a dia e eliminando os maus etc e tal. Sei! Falar é fácil... fazer é que são elas!

Eu tento... juro que eu tento. Mas parece que tem algo mais forte que eu, que me leva a continuar com os maus hábitos. Continuo fumando, continuo comendo errado, na hora errada, vou dormir tarde e nunca consigo levantar de manhã com alegria no coração. Pelo contrário... levanto de manhã com um humor que deixaria o Hulk com medo. Aliás, esse mau humor já começa pelo fato de ter de levantar. Gosto de ficar dormindo até as tantas... aí sim, tomar um banho gostoso e sair com disposição para vender meus cosméticos.

Bem, disposição pra vender eu até tenho e de monte, já que preciso ganhar dinheiro pra sobreviver. O problema é que está difícil encontrar gente com disposição e grana pra comprar! Pois sim! Ninguém quer comprar nada! Nem um desodorante, nem um vidrinho de esmalte, nem um batom... ô turma mais muquirana, credo, e sem vaidade! Assim fica difícil garantir a boia na geladeira... por falar em geladeira, ultimamente eu a abro exclamando: Caraca... aca... aca...aca... não tem nada! ada... ada... ada... pois é... minha geladeira já está fazendo eco! E o que é pior... tá parecendo geladeira de vegetariano e vegetariano pobre... sempre que eu a abro, é batata... e só!

Venho pensando seriamente, já faz algum tempo, em mudar de emprego, um emprego fixo que me garanta um salário todo mês. Mas e a coragem pra mudar? Pra começar a procurar... vivo adiando isso! Deixando pra depois! É o mesmo quando quero parar de fumar... "na segunda eu começo"! Chega a segunda-feira e lá estou eu pitando feito uma doida, com aquela cara de bufa morna.

Mas procurar e achar um bom emprego é mais difícil do que parar de fumar. Procurar emprego implica telefonar, falar com as pessoas, abrir um jornal e ver os classificados. Eu até faço isso... círculo com a caneta aqueles que são mais promissores, recorto tudo e coloco na bolsa. Segunda-feira eu vou atrás! Vou mesmo! Vou de cabeça erguida, com ar de quem quer ganhar o mundo! Então chega a segunda-feira... você foi? Pois é! Eu também não! Cadê a coragem? Aí vou adiando, adiando... e então aqui estou eu na minha cozinha, fumando e cozinhando umas batatas! E agora... quem poderá me ajudar? Pois sim, nem o Chapolin Colorado...

Pensei até em pedir alguns conselhos a ela, dra. Norma, uma mulher realizada, bem resolvida... puxa, queria tanto ser como ela! Foi aí que me ocorreu a ideia de pedir emprego a ela. Nossa... por que não? Poderia atender os clientes dela, oferecer um chá, uma revista, enquanto esperam a vez... conversar com eles, aliás sou boa de papo, tenho boa aparência... o quê? Eu bem trajadinha? Faria da clínica dela o maior sucesso! Tá decidido! Segunda-feira bem cedo vou até ela e... olha só! Aqui estou eu de novo com essa história de segunda-feira! Segunda eu faço, segunda eu vou, segunda eu começo... chega! Vamos resolver essa parada agora mesmo! Cadê meu celular?

Alô? Dra. Norma? Sou eu, Rosa... tudo bem com a senhora? Que bom! (...) Eu? Ah! Eu vou indo... comendo na latinha, dormindo na casinha... enfim, aquela vidinha de cachorro! Ah! Ah! Ah! Brincadeira doutora... não me leve a mal... (...) como? Cigarro? Ah, doutora infelizmente eu continuo pertencendo a essa raça desprezível que são os fumantes... mas, depois daquela nossa conversa, estou fumando bem menos e tossindo com menos força! (...) Sim, eu sei, eu sei... fumar menos não resolve nada, certo? (...) É verdade, é verdade... fumar menos seria como em vez de pular do 30º andar, pular do 15º... não é? (...) Ah! Ah! Ah! Gosto quando a senhora ri das bobagens que eu falo... (...) é verdade, rir é o melhor remédio! (...) Como? Ah, sim, continuo vendendo cosméticos, mas está difícil, as mulheres estão mais afim de gastar no açougue do que com beleza! Um bifinho no estômago está sendo mais importante que um esmaltezinho nas unhas! (...) Verdade? A senhora é vegetariana? Puxa, aí está uma boa cliente!

(...) Não, doutora, não sou não. Até já pensei em ser vegetariana, mas quando me lembro que existem plantas carnívoras mudo de ideia na hora! Aliás, nossos ancestrais não inventariam o arco e flecha pra caçar repolhos, certo? Alô? Doutora? Alô? *(ela está rindo)* Ah, oi doutora Norma... estou aqui... como? Passar aí no consultório? Mas é justamente pra isso que estou ligando... gostaria de lhe fazer uma proposta! (...) Sim, uma proposta... tenho um produto ótimo para lhe oferecer! (...) Como? Não, não se trata exatamente de uma venda,,, mas gostaria de conversar pessoalmente e... (...) que produto? Ora, que produto... quando a gente se encontrar eu explico... (...) está certo então... combinado!

Dois dias depois, conforme o acertado, lá estava eu pronta para ir ao consultório da dra. Norma. Depois do banho, dei um trato no visual, usei uma maquiagem discreta, uma roupinha de arrumar namorado... e antes de sair dei uma última olhada no espelho. Uau! Eu me pediria em casamento... e lá fui eu!

Como sempre, a dra. Norma me recebeu com o seu eterno sorriso acolhedor, uma espécie de cartão de visita dela! Ela é uma mulher bonita, já com seus... vá lá... 45 anos? Talvez! Mas de uma juventude de fazer inveja às princesinhas Disney. Uma pele aveludada, dentes perfeitos, cabelos não brancos, mas cinza... um cinza meio azulado, o que dava a ela um ar aristocrático de primeira-dama. Mas bem-casada...

Entre Rosa, por favor... disse-me ela entre surpresa e gentil... nossa como você está bonita! Estava com saudades de você... de dar umas boas risadas! Mas sente-se... quer um chá? Então... o que você me conta? Quais são as novas? Você me disse ao telefone que tinha um produto pra me mostrar, se bem que, sem querer desestimulá-la, não sou muito amiga de cosméticos. Gosto daquilo que é natural. Meu ex-marido... que Deus o tenha...costumava dizer que muitas mulheres são belas durante o dia. Mas à noite, depois do banho, essa beleza toda escorre pra dentro do ralo com água e sabonete. Acredito que os melhores cosméticos que uma mulher possa usar são o sorriso, o charme, a elegância... isso sim torna qualquer mulher mais bonita!

Nossa... nunca pensei nisso! Nunca pensei que eu fosse uma vendedora de beleza artificial! Mas eu concordei com a doutora só até a página 3... penso que muitas mulheres precisam se sentir belas e, algumas, só com a ajuda dos cosméticos. Um batonzinho, um rímel... sei lá! Ajudam muito!

Também não imaginava que a doutora Norma fosse viúva... tão jovem ainda! Bem, eu não tive essa sorte! Aquele traste do meu ex-marido ainda deve estar atazanando a vida de alguém por aí! Achei melhor não comentar com ela esse assunto, afinal estava ali pra pedir um emprego. Não pra falar de ex-maridos ou pra vender cosméticos. Achei melhor ir direto ao ponto!

É verdade, doutora... disse eu... a senhora realmente não precisa de nenhum cosmético. Aliás, a senhora usando cosméticos seria o mesmo que colocar um quarteto de cordas numa roda de pagode *(ela deu uma gargalhada)*. Mas eu não vim aqui mostrar-lhe os produtos que eu vendo mas, sim, um produto em especial.

Como assim, Rosa? perguntou ela olhando-me, franzindo a testa e esboçando um ligeiro sorriso, denotando simpática curiosidade. Que produto é esse?

Peguei a xícara de chá e bebi um golinho e, ainda segurando a xícara à altura do rosto, *(achei um charme isso!)* respondi com um sorrisinho meio besta : A senhora está olhando pra ele!

Chá??? Você está vendendo chá? disse-me ela arregalando os olhos... quase caí da cadeira. Mas não perdi a pose... Nããããoooo, doutora... exclamei dando uma risada discreta. Devolvi a xícara à mesa de centro e abri os braços: Eu, doutora, eu sou o produto...

Não entendi, Rosa... me explica essa história direito! disse ela tomando um pouco do seu chá. Pela expressão em seu rosto, séria e interrogativa, senti que ela já havia, talvez, percebido minha intenção. A mim pareceu que, naquele momento, uma cortina estava se fechando e, como um pardal que foge assustado à presença de um gato, vi meu emprego bater asas para longe. Decidi que verdade e sinceridade são como vinho tinto seco... meio amargo, mas cabem em qualquer taça.

Doutora Norma... comecei, medindo as palavras... a verdade é a seguinte...

Aí contei a ela toda a história do meu desânimo e falta de coragem pra fazer coisas que são importantes para mim. Falei da minha mania de ficar adiando, deixando tudo pra uma segunda-feira que nunca chega. Contei tudinho! Até o momento de ter a ideia de pedir emprego a ela, que seria um emprego fixo e tal. Falei da total dedicação que eu teria ao consultório, da minha disponibilidade, que teria hora pra entrar mas não teria pra sair etc... etc...

Rosa... começou ela com alguma gravidade... sobre empregar você aqui no consultório a gente conversa depois. Primeiro, quero lhe falar sobre algo que penso ser mais importante para o momento. Veja bem... adiar, deixar para mais tarde algum assunto, no sentido de dar prioridade a outras coisas, pode até ser um comportamento normal.

Mas quando isso começa a se tornar comum, corriqueiro... é sinal que você já perdeu a noção do que é prioritário ou não. Então posso lhe garantir que isso é extremamente prejudicial a você.

É uma doença, doutora? já fui perguntando toda preocupada. Porque eu... Não! cortou ela... mas é um hábito ruim que tem de ser substituído por um hábito bom porque, com o tempo, esse hábito ruim pode gerar uma doença ou problemas no organismo. Em psicologia chamamos isso de "procrastinar". A procrastinação pode estar ligada a diversos fatores... principalmente ansiedade e baixa estima. É o primeiro dos sabotadores que comprometem seu desenvolvimento pessoal.

Então, doutora... disse eu interrompendo... quer dizer que eu sou uma procrastinadora? Parece até um pecado religioso grave! Já estou até me vendo no Juízo Final e um anjo, empunhando uma espada de fogo, aponta pra mim e grita comigo: "Você procrastinou! Você vai para o inferno!" Aí, claro, vou dizer pra esse anjo que... "está certo! Segunda-feira eu vou!"

Calma, Rosa... disse ela rindo... ninguém vai para o inferno por procrastinar. Na verdade, quem vive procrastinando como se fosse um vício já vive numa espécie de inferno particular. Veja, Rosa... procrastinar significa adiar algo ou prolongar uma situação. Significa protelar, ou seja, deixar assuntos importantes para se resolver depois.

Mas porque isso acontece, doutora Norma... perguntei... porque a gente deixa pra depois, pra mais tarde, pra segunda-feira... coisas que são importantes?

Bem, Rosa... as causas podem ser psicológicas ou até mesmo fisiológicas. Psicologicamente falando, a procrastinação pode ter a ver com ansiedade e problemas de autoestima. Você, por exemplo, quando pensa em parar de fumar... certamente você sabe que o cigarro lhe faz mal. Mas, por outro lado, sabe também que, se não fumar, você vai se sentir irritada, vai ter insônia, vai ficar ansiosa, inquieta... fumar lhe deixa confortável, certo?

Ela tinha de lembrar desse bendito? pensei eu já com comichão na garganta.

Provavelmente, já pensando nesses problemas, você não irá parar de fumar. Porque não quer sair desse conforto. Agora, Rosa, fisiologicamente falando a procrastinação tem a ver com o cérebro, mais precisamente com uma de suas áreas mais interessantes: o córtex pré-frontal. Essa região do cérebro diz respeito ao planejamento dos comportamentos, principalmente os mais complexos, e também tem a ver com a expressão da personalidade. Pra você ter uma ideia da importância do córtex pré-frontal, Rosa... é ele que é responsável, entre outras coisas, pelo controle dos impulsos e determinação do foco. Entendeu querida? perguntou ela... Entendi, dra. Norma! Respondi sem muita convicção...

Pra mim... pensei eu... córtex está mais pra marca de camisinha! Não combina? Mas não falei nada... eu, hein? Tinha de ficar esperta... até porque o meu córtex já estava me desviando das explicações da doutora e eu precisava desse emprego! Tomei um gole do chá e cruzei as pernas segurando o queixo com a mão direita e lancei o meu olhar

42, que significa profundo interesse e especulações empregatícias.

Sabe o que eu acho que está acontecendo, minha amiga? perguntou ela fazendo uma anotação em um bloquinho. Você está se autossabotando!

Como assim? pensei eu, desviando o meu olhar 42, já franzindo a testa e fazendo um novo olhar, o de número... sei lá que número, mas que pressupunha susto e preocupação. Teria eu virado uma terrorista de mim mesmo?

Ela percebeu minha reação e procurou me tranquilizar. Rosa, disse ela... autossabotagem é você, consciente ou inconscientemente, ficar colocando dificuldades e obstáculos nas coisas que você tem de fazer. Na verdade, são pensamentos e sentimentos negativos que levam você a ter um comportamento autodestrutivo.

Isso é procrastinar? perguntei, sentindo-me incomodada com aquilo. Justamente, querida, respondeu ela... a procrastinação talvez seja um dos seus principais sabotadores. Mas vamos entender melhor isso. Vamos voltar a falar sobre como funciona nosso cérebro, principalmente no que diz respeito aos nossos hábitos e como essa coisa de procrastinação pode interferir no desenvolvimento de novos e bons hábitos.

A essas alturas já tinha até me esquecido do emprego... autossabotagem? Terrorista eu?

Veja bem Rosa... disse ela interrompendo meus pensamentos... tudo que é automático poupa tempo e economiza energia, certo? Dessa maneira o cérebro sempre vai tentar automatizar tudo o que é possível. Já falamos sobre isso, lembra? Dei a você o exemplo de dirigir um carro... depois que você entra nele, você fecha a porta, gira a chave na ignição, olha os retrovisores, coloca a 1ª e sai. Ganhou alguma velocidade, você já coloca a 2ª, aumenta mais a velocidade, coloca a 3ª e assim por diante. No percurso, se for preciso, você toca buzina, liga a seta pra esquerda ou direita, liga o rádio, dá sinal de luz. Se começar a chover, você liga o limpador de para-brisa... tudo isso, Rosa, você faz sem o menor raciocínio. Porque o cérebro já automatizou tudo pra você!

Entendi, doutora... disse eu, morrendo de medo de ela me perguntar se eu sabia dirigir. A única coisa que eu dirigi até agora, e mal, foi o carrinho do supermercado. Mas mantive a pose, voltando ao meu olhar 42...

Quer dizer Rosa... continuou ela... que dirigir é apenas um exemplo prosaico entre milhares de outros mais importantes. Ou seja, tudo aquilo que você faz sem a necessidade de raciocinar é porque já faz parte dos seus hábitos. Provavelmente o seu cérebro já automatizou isso pra você. Aliás... esse é um dos motivos pelo qual quebrar um hábito antigo se torne tão desafiador!

Quis perguntar a ela o significado de *prosaico*, mas fiquei na minha! Achei que seria embaraçoso demonstrar ignorância. Pra mim prosaico parece mais azulejo de igreja. Pensei... *a igreja Nossa Senhora da Ajuda é toda revestida em seu interior de prosaicos coloridos...* fiquei rindo por dentro mas, por fora, mantive meu olhar 42: Puxa, que interessante, doutora!

Rosa, querida... certamente você, nem sempre de modo consciente, deixa de fazer alguma coisa, procrastinando, justamente pra continuar na zona de conforto. Ou seja, continuar com os velhos hábitos porque eles não exigem esforço físico ou mental. Tenho certeza de que você, às vezes, acende um cigarro mesmo não estando com vontade de fumar.

Lá vem ela com a história do cigarro de novo! *Vontade de acender um!* Entendi doutora... disse com aquele olhar 42.

Pois então, é o piloto automático do cérebro funcionando, levando você a fumar porque aquele momento, e não o seu organismo, pedia um cigarro. É o tal vício psicológico! Mas há também outros aspectos mais complexos que envolvem a procrastinação, como a autoestima em baixa, dúvidas, ansiedade etc. Aliás, Rosa... a procrastinação, enquanto hábito, causa estresse, sensação de culpa, deixa você improdutiva e aí, querida, isso pode trazer doenças para o corpo.

E onde entra a tal da autossabotagem? Perguntei, ainda pensando em terrorismo comigo mesma.

Veja Rosa... respondeu ela... tudo aquilo que já é conhecido gera mais conforto. Por outro lado, toda mudança gera desconforto. A vontade interior de fuga é quase que natural para pessoas que acreditam que viver bem é viver sem nenhuma espécie de desconforto. A procrastinação gera obstáculos à evolução, à mudança e abre espaço para um ciclo de autossabotagem.

Quer dizer, doutora... perguntei... que quando eu adio ou vou deixando pra depois coisas que eu tenho de fazer, estou me autossabotando?

Isso mesmo, consciente ou inconscientemente, você está se recusando a mudar e sair do seu conforto. Você está se colocando contra você mesma, se desmotivando e não acreditando no seu potencial. Por medo, você vai perdendo oportunidades que poderiam contribuir positivamente para sua vida. E o que é pior... você meio que se autossabota quase que sem perceber.

Como identificar a autossabotagem

Mas doutora Norma... perguntei... se eu pratico a autossabotagem sem perceber, como eu sei que estou me autossabotando?

Boa pergunta... disse ela se servindo de mais chá... quer também? Olha Rosa... respondeu ela enchendo minha xícara de mais chá... a procrastinação é uma das formas de se autossabotar. É não acreditar na sua própria capacidade de resolver problemas ou acabar uma tarefa. Aí começa a procrastinação, ou seja, vai deixando atividades e responsabilidades pra depois...

Vai adiando, vai adiando... disse eu complementando e tomando um gole de chá... isso mesmo Rosa, vai inventando desculpas para postergar constantemente as pendências e não ter de lidar com elas. Se você não tentar, nunca que conseguirá sair dessa e vai aumentando a sensação de fracasso.

Justamente por isso, querida... que mudar algum hábito arraigado em você pode ser muito desafiador... pra não dizer muito difícil! Mas não impossível, que fique bem claro! Rosa, eu vou lhe fazer algumas perguntas, mas não precisa me responder. Apenas pense nas respostas, ok?

Fiz "sim" com a cabeça e sempre mantendo o meu olhar 42, mas já receosa... que tipo de pergunta ela vai fazer? Bom, seja lá o que for... ainda bem que eu só tenho de pensar.

São perguntinhas simples... disse-me ela... mas as respostas, acredito, sejam mais complexas na sua cabeça. Por isso apenas pense nessas respostas. Vamos lá? Primeira... como anda a sua vida? Quais são meus principais hábitos? Como andam os seus resultados? Você está onde você gostaria de estar? Quais metas você quer atingir? Vá pensando nessas perguntas que eu preciso fazer uma ligação e já volto. Fique à vontade... tome mais chá!

Obrigada, doutora... respondi me servindo de mais chá enquanto ela saía meio apressada levando o celular. Fiquei pensando nas possíveis respostas a essas perguntas... como anda a minha vida? Ultimamente não tem andado, mas capengando! Meus principais hábitos? Depois desse chazinho só penso em fumar. A que resultados ela se refere? Não tenho nenhum positivo... só o de sangue! Até a rifa que eu comprei da Carmem manicure deu com os burros n'água! Alguma sortuda levou a caixa de bombons que eu queria tanto! Se eu estou onde eu queria estar? Ainda não, mas vou conseguir! E minhas metas agora são: trabalhar com a doutora e parar de fumar! Quando eu pensei em dar uma saidinha pra fumar...

Oi Rosa, voltei... disse ela entrando de novo e com um sorrisinho meio besta no rosto... era um amigo me convidando pra jantar! E então, pensou nas perguntas que eu lhe fiz? Acho que vou tomar mais um chá... *(ela estava eufórica, como se tivesse ganhado na loteria!)* Amigo? pensei... hummm, debaixo desse angu tem linguiça! Mas fiquei na minha. Tomara que seja um encontro legal pra ela... tão bonita, tão doce! Merece ser feliz!

Pensei sim, doutora... mas só pensei, como a senhora mandou!

Ótimo, Rosa... olha, não importa quais sejam suas respostas. O que importa é que, em tudo que você pensou, provavelmente existem coisas que você queira mudar, aprimorar, refazer... sei lá! Em suma, dentro de suas repostas, com certeza, há a tremenda necessidade de mandar a procrastinação e a autossabotagem para o espaço. Não é verdade?

Conhece-te a ti mesmo!

Você me perguntou... como podemos saber se estamos nos autossabotando? Quem primeiro nos deu a melhor resposta a essa pergunta foi ele... o grande Sócrates, que você pensou que trabalhasse com polimento... *(deu uma risada!)* lembra?

Claro que me lembro, doutora... respondi também rindo, meio sem graça, por aquele dia ter passado um atestado de ignorância com carimbo e assinatura...

Então... o grande filósofo disse esta frase: "Conhece-te a ti mesmo", ou seja, Rosa, conhecer a si mesma é chegar ao autoconhecimento e, a partir daí, conhecer todas as suas virtudes e todas as fraquezas. Esse autoconhecimento é que vai permitir que você perceba quando você está se autossabotando.

Entendi, doutora... quer dizer então que, se autoconhecendo, vou saber que um hábito ruim, na verdade, é esse tal do piloto automático do meu cérebro que está fazendo por mim?

Exatamente isso, Rosa... disse ela satisfeita... vejo que você entendeu. Por isso que muitas coisas, incluindo os maus hábitos, você, muitas vezes, faz inconscientemente. É um grande desafio mudar isso! E aí, claro, vem a pergunta que não quer calar: como lidar com isso?

A doutora tirou as palavras da minha boca... *(o olhar sempre firme!)*

A gente lida com isso, Rosa, usando a inteligência emocional... disse ela desmontando esse meu olhar. Claro eu não fazia a menor ideia do que fosse isso! Ora, eu me acho inteligente, às vezes sou muito emotiva... então... o quê?

Rosa... eu entendo esse seu olhar de dúvida! Sim, porque, na maioria das vezes não somos treinados a ter inteligência emocional, que nada mais é do que saber, racionalmente, a lidar com nossas emoções. Por exemplo: quando temos um problema que, num primeiro momento, não conseguimos resolver o que fazemos? Nem precisa responder... geralmente a gente coloca a culpa em Deus e todo mundo. Menos em nós mesmos! Porque é muito mais fácil colocar a culpa nos outros do que em nós mesmos. Não é verdade?

É verdade, doutora... sempre que eu não consigo uma venda, ponho a culpa na cliente que não quis comprar. Eu nunca me pergunto: "Será que eu abordei a cliente corretamente? Por que eu não consegui convencê-la a comprar o esmalte? Será que eu fiz a coisa certa?" Quer dizer... eu nunca vejo o problema em mim! Eu sempre penso que ela não fez a compra porque é uma sovina! Na hora dá vontade de dizer: "Abre essa bolsa aí, dona! Compre esse esmalte de uma vez... não custa nada! Quer dizer, custar custa, mas é uma merreca...

A doutora deu uma gargalhada... nessa hora Rosa, disse ela, a inteligência emocional caberia como uma luva! Você não tem que mudar a cliente e, sim, fazer mudanças em você mesma! Emocionalmente, você teria de abordar de modo mais inteligente, ter uma conversa mais convincente, mais agradável... enfim, convencê-la de que um esmalte seria bom para ela. Não adianta querer mudar o mundo, porque seus problemas não são culpa dele. Faça mudanças em você e tudo mudará à sua volta. Quando a gente muda, impactamos o nosso ambiente que muda também de acordo com nossas mudanças. Mas para isso você precisa se autoconhecer e, a partir daí, ter autocontrole sobre todas suas ações. Então Rosa, antes de querer mudar o mundo à sua volta, faça primeiro mudanças em você mesma.

Verdade, doutora... disse eu preparando mais uma das minhas... segunda-feira sem falta eu começo! *(ela fez uma cara sinistra!)* Tô brincando, doutora, tô brincando... perco a terapeuta mas não perco a piada. Por favor, continue...

Está certo, Rosa... disse ela condescendente... devo admitir que seu humor é impagável e isso é muito bom, viu? Os antigos já diziam que rir é o melhor remédio. Mas vamos lá... sem autoconhecimento, Rosa, você acaba ficando por conta das experiências alheias que acabam sendo influências que nem sempre servem para você, nem vão lhe ajudar a se tornar uma pessoa melhor. Sem autoconhecimento, você não vai conseguir saber o que é melhor pra você, pra sua vida e vai se tornar uma pessoa manipulável... o que é bastante perigoso.

Perigoso?... perguntei, sempre temerosa dessas palavras mais tensas.

Sim, querida, perigoso... porque viver sem ter consciência de si mesma faz você apenas trabalhar, pagar contas, trabalhar, pagar contas... e o que é pior: essas influências externas levam você a querer coisas que você talvez nem precise. Só quer porque todo mundo está querendo... e você vai atrás! Rosa... somente com o autoconhecimento você alcançará a liberdade e lhe deixará no controle da sua própria vida.

Entendi, doutora... perguntei me servindo de mais chá... *(se tivesse umas bolachinhas seria ótimo!)*... e qual é a receita pra se chegar ao autoconhecimento? Pergunto isso porque na teoria tudo parece mais fácil, não é mesmo? Mas quero ver isso na prática. Tem uma receita, um jeito pra se chegar ao autoconhecimento?

Claro que tem, Rosa... disse ela sorrindo... mas espero que antes você tenha aprendido a teoria...

Entendi sim, doutora Norma... mas aprender sobre autoconhecimento somente na teoria é como fazer amor por correspondência...

Ah! Ah! Ah! Ai Rosa... às vezes você me surpreende! Mas você tem razão! Conhecimento demais sem prática é apenas isso... teoria! Mas eu tenho cá pra mim que teoria e prática são faces da mesma moeda... a diferença é que a teoria é uma semente que você planta e a prática é o fruto que você colhe.

Eita, que a doutora falou bonito agora! *(seria o momento de pedir umas bolachinhas? Não, não... fica na sua!)*

Como desenvolver o autoconhecimento?

Ok, Rosa... vamos então falar disso, ou seja, vamos falar sobre como você pode adquirir autoconhecimento. Afinal de contas você tem de ganhar pelo que você faz... não pelo que você sabe. Veja... a principal forma de desenvolvimento do autoconhecimento é a psicoterapia! Claro que isso não é de graça e as seções de psicoterapia são pagas. Mas veja, Rosa...investir nisso é investir em si mesmo e na própria saúde mental.

Com certeza, doutora... concordei já temendo que ela fosse me cobrar pela conversa de hoje. Afinal eu não vim para me consultar. Vim vender um produto: eu! Acho que ela percebeu alguma coisa em mim e já foi dizendo:

Mas não é o seu caso aqui agora, Rosa... nossa conversa de hoje vai ficar por conta da casa. Afinal mais do que paciente, você já se tornou uma grande amiga. Até porque fui eu quem convidou você pra vir aqui porque tinha uma oferta a me fazer e eu estava com a tarde livre. Mas depois falamos sobre isso...

Ufa, doutora... que bom! Porque se tivesse de pagar pelos ensinamentos de hoje eu estaria ferrada. Sabe aquela história de "matar cachorro a grito?" Pois então... ultimamente nem preciso gritar... basta olhar pro bicho e ele tomba! Enquanto eu não tiver um emprego fixo...

Ok, Rosa... *(rindo bastante)*... eu entendi... depois falamos sobre isso. O que eu estava lhe dizendo é que a psicoterapia não é um bicho de sete cabeças. Hoje os terapeutas estão fazendo até atendimento online, o que resolve o problema de deslocamentos mais complicados para pacientes que moram longe etc. Claro que, em casos de diagnósticos de psicopatologias mais graves, o atendimento presencial é fundamental.

Entendi... disse eu... *(ainda pensando nas bolachinhas e um cigarrinho)*... e o que mais podemos fazer, além da psicoterapia, para adquirir autoconhecimento? Às vezes, sei lá, falta grana ou o consultório fica muito longe... tem alguma forma de a pessoa meio que fazer em casa mesmo, como se fosse ginástica? Por exemplo... está sem dinheiro pra pagar uma academia ou um instrutor? Então faça ginástica em casa mesmo. No YouTube tem um monte de vídeo ensinando a fazer ginástica...

As alternativas para se complementar a psicoterapia são várias, Rosa... disse ela se levantando pra pegar um pote de vidro... aceita umas bolachinhas? Tome mais chá... veja, são biscoitos amanteigados que eu adoro! Pegue à vontade! *(Ufa, já não era sem tempo!)*

Há alguns procedimentos que contribuem e muito para o desenvolvimento do autoconhecimento... *(ainda em pé, ela pegou uma tabela da mesa dela)* que podem ser feitos junto com a psicoterapia. Veja...

• **Meditação** – ao silenciar a mente, você consegue identificar mais facilmente suas emoções e, com a meditação, você consegue ter controle sobre elas.

• **Yoga** – é uma prática milenar que vai ajudar você a unir o corpo, a mente e o espírito e, com isso, cuidar da sua saúde mental e física.

• **Mindfullness** – a melhor tradução para essa palavra é "atenção plena". São exercícios diários que ajudam você a deixar de fazer coisas no piloto automático e ter mais atenção nelas, fazendo escolhas mais conscientes. Com essa técnica você, com meditação, aprende a vivenciar mais o momento presente.

Além de tudo isso, Rosa... aconselha-se também a leitura de bons livros sobre esse assunto. Se puder, faça cursos e estudos sobre autoconhecimento. A terapia holística também é uma boa alternativa, que inclui psicanálise, mapa astral, numerologia, constelação familiar entre outras.

A essas alturas, depois do chá, das bolachinhas, a vontade de fumar estava insuportável! Estava também um pouco cansada com esse volume de informações sobre procrastinação, autoconhecimento... tanto que a doutora Norma notou meu ar de cansaço:

Rosa... pra finalizar, deixa eu falar pra você sobre mais um sabotador importante que joga contra o desenvolvimento do autoconhecimento: a ociosidade! Você saberia me dizer o que é ociosidade?

Acho que sim, doutora... respondi meio insegura mordendo uma bolachinha... é assim, tipo... gente preguiçosa?

Mais ou menos, querida... veja bem, primeiro quero deixar claro que ociosidade não é sinônimo de preguiça. Há diferenças no significado das duas palavras. A preguiça é um defeito, certo? Ela coloca você pra baixo e faz com que você seja menos do que poderia ser. Isso é preguiça!

Não é o meu caso! pensei, mas não falei nada. Só tenho preguiça de me levantar de manhã. Mas... quem não tem?

Mas a ociosidade, Rosa... é quando você gasta seu tempo inutilmente ou sem fazer nada. É quando você desperdiça isso que sempre foi um verdadeiro tesouro para todos: o tempo!

Ociosidade x Produtividade

Estar ocioso, na verdade, significa não estar produzindo... estar inativo. Claro que isso não significa estar vagabundeando! Às vezes o ócio, depois de algum trabalho extenuante, pode ser um momento de relax, um momento de recarregar as energias e estimular a mente. O problema é quando a ociosidade se prolonga demais... aí, sim, pode ser prejudicial e ser sintoma de desmotivação ou mesmo cansaço. Você fica muito tempo ociosa, Rosa?

Eita que até rimou, doutora... disse eu rindo... ociosa, eu? Só à noite quando vejo minhas novelas. A das 9 não perco por nada neste mundo, paro tudo que estou fazendo pra assistir. Mas durante o dia fico pra cima e pra baixo atrás de vender meus cosméticos...

Está, certo, Rosa... respondeu ela sorrindo... confesso que eu também, vez ou outra, vejo uma novelinha. Mas, se você trabalhou o dia inteiro, merece esse momento de lazer, não é?

Verdade... concordei... mas eu não conseguiria nunca ficar sem fazer nada muito tempo. Sou muito elétrica, ativa... quer saber, doutora? Ociosidade também cansa... *(risos)*.

Concordo... o importante, Rosa, é você ter consciência do que você quer pra sua própria vida. *(quero trabalhar aqui!)* Ter metas e objetivos claros ajudam você a se motivar... somente assim o seu trabalho, seja ele qual for, terá sentido pra você! Tendo isso definido, também é importante compreender que nem sempre você estará motivada. Isso é normal! Nesse momento, você tem de desenvolver a disciplina para atingir seus objetivos.

Mas doutora... interrompi...descanso e lazer também ajudam o cérebro, não é verdade?

Claro Rosa... o descanso é fundamental para um melhor desenvolvimento cerebral e, claro, para aumentar a sua produtividade. Justamente nesse aspecto é que a ociosidade deve ser usada... de forma produtiva, claro, de modo consciente, ou seja, é um momento para não se fazer nada... apenas desacelerar. *(nesse momento eu me ligo na novela!)*

Mas nesses momentos de ociosidade, Rosa, você precisa ficar atenta a dois fatores: primeiro, evitar a autossabotagem por causa de longos períodos não planejados de ociosidade. Segundo, a autocobrança exagerada, querer fazer demais, produzir muito... sem descanso! Isso não é bom! Lembre-se, Rosa... tudo na vida deve ser tratado com equilíbrio e harmonia.

Minha vó, doutora, sempre dizia que tudo que é demais faz mal... acrescentei pegando mais uma bolachinha... incluindo bolachas! *(nossa, quase acabei com o pote!)*

Sua avó estava com a razão... aliás, por falar em trabalhar e produzir, quando você pode começar?

Começar o quê, doutora Norma? perguntei já imaginando que ela fosse completar a frase: "começar a parar de comer bolachas!"

Como assim, começar o quê?... a trabalhar aqui no meu consultório! Não era isso que você iria me propor?

Sério, doutora Norma??? perguntei quase me engasgando com o amanteigado da doutora... nossa, posso começar já se a senhora quiser!

Pra você manter aquele seu "hábito", acho que você pode começar na segunda-feira! Está bom pra você? Quanto ao salário, vou pensar em um número que seja bom pra nós duas, ok? Se bem que, quanto a salário, eu já sei como resolver isso...

Como assim, doutora?... perguntei curiosa.

Vou lhe pagar uma parte em bolachas, que já vi faz o maior sucesso com você!

Entendi a mensagem, doutora... disse eu pegando mais uma.

Ficamos rindo as duas e falando da novela das 9!

83

Capítulo 6

Cuidando da máquina

Já faz algum tempinho que estou trabalhando no consultório da doutora Norma. Gente... depois do meu divórcio, acho que foi a melhor coisa que aconteceu na minha vida! Tenho minha própria mesa, com vasinho de flor e tudo! Tenho um computador só pra mim, com internet e, veja só, um pote de biscoitos amanteigados que fica o dia inteiro sorrindo pra mim. Eu, claro, retribuo. Não é incrível? Às vezes, nem parece que eu tenho uma patroa... nossa, é até um sacrilégio chamar a doutora de "patroa".

Na verdade ela é mesmo uma amigona! Quando não tem cliente, ela me chama na sala dela para conversar, tomar café... aí eu conto umas piadas, rimos bastante, trocamos confidências enfim... é o tipo de emprego em que, todas as manhãs, levanto cedo e vou trabalhar com alegria no coração. Trabalhar é maneira de dizer. Na verdade eu não tenho um emprego... eu tenho uma diversão! E ainda sou paga por isso!

Acho que foram os chineses que disseram que, quando você faz o que gosta, você jamais estará trabalhando! Quer dizer... isso no tempo em que eles só faziam provérbios e... chinesinhos! Hoje em dia... misericórdia! Não tem o que eles não façam! É tudo "made in China"!

Mas olha... conheço gente que doaria um rim pra ter um emprego como o meu! Por isso eu procuro dar o meu melhor aqui. Vou lhe dizer uma coisa: se a melhor parte do seu emprego é a hora de ir embora, então você está no emprego errado. Eu não tenho hora pra sair! Fico assessorando a doutora até a hora de ela mesmo me mandar pra casa. "Rosa... você vai perder a novela!" Aí, sim, eu saio chispando!

Bem, como eu dizia, adoro trabalhar com a doutora e eu procuro dar o meu melhor. Principalmente, quando converso com clientes esperando atendimento. Se estão ali é porque estão enfrentando algum problema que só a terapia pode resolver. É como se o consultório da doutora fosse a última bomba de gasolina no deserto e eu, claro, acabo fazendo o papel de frentista. No começo achava meio estranho ficar sabendo de problemas de clientes. Eu meio que cortava dizendo: "Não se preocupe! A doutora vai dar um jeito nisso!"

Mas depois de um certo tempo, de tanto conversar com a doutora sobre meus próprios problemas, fui sentindo despertar em mim um certo interesse em ajudar as pessoas também. Claro, não com a competência da doutora mas por meio das minhas próprias experiências. Some-se a isso a enorme curiosidade feminina que em mim chega a ser latente! Se uma cliente começa a conversar comigo antes da consulta e começa a me dar pormenores de seu problema, pronto! O cupim da curiosidade já começa a me corroer por dentro! Fico querendo saber mais e mais do problema...

Foi o caso de uma enfermeira que me confessou estar desesperada, pensando até em suicídio, porque o marido não a procurava mais para o sexo. Além do mais, ela descobrira que a vesguinha da farmácia estava dando em cima do marido dela. Não perguntei o porquê do marido não a procurar por que estava na cara. Aliás, na cara, nos seios, nos braços, nas pernas... ela até tinha um rosto bonito, mas era gorda, muito gorda! Confessou-me que já há algum tempo procurava refúgio na comida! Achei melhor, disfarçadamente, guardar o pote de amanteigados no armário! Eu, hein?

Mas Nair... perguntei... como você descobriu isso? Ela trabalha numa farmácia perto de onde você mora? Nãããããoooo, menina... respondeu aflita... é na farmácia do hospital onde a gente trabalha. Meu marido também trabalha no mesmo hospital que eu... ele é operador da máquina de raio X. Mas a gente trabalha em horários diferentes. Minhas colegas da enfermaria sempre me cochicham que a Zelda vive entrando e saindo da salinha dele e às vezes demora pra sair. Ele não é um mau marido. Ele me trata bem, não falta nada em casa... mas está enrabichado com essa Zelda! E eu acabo fazendo vista grossa, porque não gosto de brigar, bater boca... e ele sabe disso!

Quem é a Zelda? perguntei desnecessariamente. Quem? Ora... respondeu revirando os olhos... é ela, a talzinha vesga que fica dando em cima do Olavo. Ela não é feia... disse com um ar de frustração e inveja... tem um corpinho bonito e tal. Só tem esse problema *nas vistas* que faz ela ficar com um olho no padre e outro na missa. Mas no escuro, minha filha, todo gato é pardo e a salinha do Olavo vive no escurinho pra ele revelar as chapas dos pacientes. Revelar chapas e outras coisinhas mais... não sou boba não, viu? Mas ele ainda vai se arrepender, ô se vai!... resmungou com voz embargada e lágrimas nos olhos.

Achei que era o momento de dar aquela cortada na conversa, usando a minha frase especial para esses momentos: "Não se preocupe! A doutora vai dar um jeito nisso!" Enquanto não chegava a vez dela, eu procurei dar uns conselhos, à minha maneira claro, lembrando de tudo que a doutora Norma já tinha me falado sobre a gente se valorizar, se amar, acreditar em si mesmo. "Não se preocupe, Nair" ... disse, procurando animá-la... você vai dar a volta por cima. Tenho certeza! Olavo vai começar a olhar você com outros olhos, depois que você começar um regime, ficar bonitona...

Pronto! Pra que fui falar isso? Eu sou uma besta mesmo! A coitada desatou a chorar. Só se acalmou quando eu ofereci a ela um cafezinho e uns biscoitos amanteigados, que ela pegou três de uma vez. Nair, querida... perguntei de olho no pote... tá mais calma? Olha, homem é bicho besta mesmo, viu? O Olavo não sabe a mulher maravilhosa que ele tem em casa. Acredite!

Obrigada... respondeu fungando e mastigando o biscoito... você é que é gentil! Mas eu sei que eu não sou mais atraente para o Olavo! Nair... falei com alguma rispidez... pára com isso! Aquela vesguinha é só sexo! Você é muito mais do que isso!

Você acha que eu deveria perdoar o Olavo? perguntou pegando mais um biscoito *(comecei a ficar preocupada, mais 10 minutos de papo e ela acaba com o pote!)* Perdoar o Olavo?... perguntei guardando o pote... Não, Nair! A gente pode perdoar erros! Traição não é um erro... é uma escolha.

Talvez a doutora desse outro conselho, mas eu sei bem o que é isso! Porque meu ex, volta e meia, dava umas puladas de cerca também. É horrível isso!

Nesse momento, a porta do consultório se abriu e saiu de lá a cliente que estava sendo atendida. Era dona Lenita, uma senhora muito bem vestida, elegante, que saiu toda sorridente e se mostrando muito agradecida à doutora pela ótima consulta! Pode entrar, querida... disse a doutora dirigindo-se à Nair e, olhando pra mim, fez um sinal de que essa seria a última consulta do dia. Fiz um ok e conduzi dona Lenita à saída, enquanto Nair entrava para o consultório. Era a 4ª vez que dona Lenita vinha se consultar. Ela tinha um sério problema de insônia. Bem, agora ela estava muito feliz e satisfeita. Não sem razão, pensei, a doutora Norma é batuta mesmo.

Puxa, dona Lenita... disse eu abrindo a porta da rua... fico feliz de ver a senhora tão bem assim! Ah, minha querida... respondeu descendo os degraus com a atenção e cuidado que a idade exige... há muito tempo não me sentia tão bem! O que não faz uma boa noite de sono, não é verdade? *(ajeitou o lenço de seda no pescoço)* A doutora Norma é uma terapeuta formidável! Quem me indicou ela foi um velho amigo... o Olegário. Há alguns anos ele vinha se consultar com ela por conta de ruídos que ele dizia estar ouvindo... eu achava que era por causa das orelhas enormes que ele tinha, deviam fazer eco, sei lá!

Bem, pensei até que ele estava ficando gagá... *(deu uma risadinha que mais parecia um gargarejo)...* você acredita, menina, que às vezes ele interrompia nossa conversa perguntando: "Ouviu isso Lenita?" Eu ficava olhando para os lados... "isso o quê, Olegário?" Ele punha as duas mãos nas têmporas e dizia: "Esse zumbido... parece uma campainha!" E ia até a porta ver se tinha alguém... ou atendia o telefone! Era muito engraçado... *(ajeitou o broche)...* cê não acha?

E ele ficou bom? perguntei caminhando de braços dados até o carro dela. Oh, sim! respondeu tirando as chaves da enorme bolsa... hoje o Olegário não ouve mais nenhum ruído! Até porque os mortos não ouvem, ficam lá quietinhos na cova deles! Não resisti a uma gargalhada espontânea e gostosa. Ela entrou no carro, abaixou o vidro e disse: Estou brincando, meu bem... a sua gargalhada é uma prova de que minha história valeu a pena! Um dia sem rir é um dia desperdiçado!

É verdade... concordei... mas o "seu" Olegário... morreu mesmo? Oh, sim... respondeu... que Deus o tenha. Mas morreu feliz e curado dos ruídos. Tanto que antes de bater a caçoleta ele atendia o telefone até mesmo quando não tocava!

Demos as duas, uma boa gargalhada, e ela soltou o freio e saiu. Eu fiquei olhando o carro se afastar, pensando: puxa, é assim que eu quero envelhecer! Dona Lenita é do mesmo planeta que eu! Voltei para o consultório...

Bem mais tarde, depois que a Nair já tinha ido embora, entrei na sala da doutora para planejar o dia seguinte, como sempre fazíamos. Fui à copa pegar um cafezinho para ela e aproveitei para trazer o pote de biscoitos amanteigados. Nossa Rosa... disse ela colocando adoçante no café... parece que você leu meus pensamentos. Eu estava mesmo precisando de um cafezinho e um biscoito. Essa moça... Nair... me deixou penalizada...

Pois é doutora Norma... disse eu me sentando... ainda bem que a senhora terminou com a dona Lenita e a chamou para a consulta. Senão a senhora estaria agora tomando apenas um cafezinho.

Ela deu uma risada, mordeu a pontinha do biscoito e tomou um gole do café. Essa moça tem um problema sério... disse colocando a xícara no pires... teremos um grande trabalho pela frente! Pegou a xícara novamente e, antes de sorver mais um gole, disse: a Nair vai precisar de uma reeducação alimentar, fazer exercícios para perder peso e aumentar a própria autoestima.

Isso que eu não entendo, doutora... perguntei... eu e a Nair conversamos um pouco antes da consulta e ela, tadinha, me confidenciou que se refugia na comida por causa da traição do marido. De que maneira a gente pode se sentir menos frustrada comendo? Olha, doutora... se eu fosse comer todas as vezes que me senti frustrada ou estressada a essas alturas já teria ganhado o apelido de rolha de poço!

Ah! Ah! Ah! Ai Rosa... disse ela rindo... você tem cada uma! Quer saber o que eu acho? As magras podem estar de bem com a balança, mas as gordas preenchem o vestido com mais competência! Eu disse isso pra Nair... mas ela, coitada, vai precisar muito mais do que simples frases de efeito! Bem, você me perguntou o que tem a ver comida com frustração, certo?

Concordei balançando a cabeça, porque estava com um biscoito inteiro dentro da boca.

Veja bem, Rosa... a Nair está enfrentando um problema que nós chamamos de TCA, que significa Transtorno de Compulsão Alimentar, causado por tristeza, ansiedade, angústia, estresses... esses são os principais gatilhos que levam a pessoa a adquirir esse transtorno.

TCA, pensei, é um bom nome pra uma banda de rock. Mas só pensei...

Então a comida, continuou ela, funciona como uma espécie de válvula de escape ou, até mesmo, como uma fonte de prazer imediato, quando a pessoa se sente muito angustiada ou muito triste ou frustrada.

Nossa, doutora... é o caso da Nair!

Isso acontece... disse ela... porque a alimentação pode liberar hormônios e neurotransmissores, como a dopamina, fazendo a pessoa ter uma sensação de prazer imediato e alívio. Mas isso é uma crendice, porque o que se percebe a longo e médio prazo é o aumento do sofrimento que gerou esse transtorno. A qualidade de vida, claro, vai ser afetada por sentimentos de fracasso e tristeza.

A Nair então Rosa, tendo de enfrentar essa tremenda adversidade emocional, encontrou na alimentação em excesso uma espécie de mecanismo de defesa e busca por alívio das dificuldades.

Tadinha da Nair, doutora... disse eu pegando mais um biscoito... ela vai ter de enfrentar muitas lutas daqui pra frente, não é?

Rosa... na verdade, todos nós temos esse enfrentamento! Nosso corpo requer cuidados que exigem constante atenção e cuidados. Para que tenhamos sucesso na vida, tanto pessoal quanto profissional, precisamos estar atentos sempre, para que tenhamos uma "mens sana in corpore sano"!

Ih, doutora... isso pra mim é grego! disse eu pegando mais um biscoito. Ela deu risada, tomando o último gole no seu café. Não, Rosa querida... isso é latim, do poeta romano Juvenal, que dizia no primeiro verso de um poema dele: *"orandum est ut sit mens sana in corpore sano"*.

Virgem Maria, doutora Norma... perguntei fazendo uma careta... o que isso quer dizer? *(O único Juvenal que eu conhecia era o borracheiro lá perto de casa!)*

Isso é lindo Rosa! Esse verso quer dizer: *Deve-se pedir em oração que a mente seja sã num corpo são!* Esse poema, na verdade, é uma espécie de oração sobre o que as pessoas deveriam desejar na vida. Mas Juvenal em seu poema deixa claro que, antes expressar desejos, as pessoas deverão ter uma mente sã num corpo são. Aliás, Rosa... disse ela se levantando e pegando um livro na estante... eu tenho esse poema aqui. Posso ler um trechinho pra você?

Está em latim? perguntei fazendo uma cara esquisita... Não se preocupe, Rosa... disse ela sentando-se... está traduzido. Escuta só que lindo este trecho. Tirou um pigarro e empostou a voz:

*Deve-se pedir em oração que a mente seja sã num corpo
são.*

Peça uma alma corajosa que careça do temor da morte,

que ponha a longevidade em último lugar entre as bênçãos

da natureza, que suporte qualquer tipo de labores,

que desconheça a ira, nada cobice e creia mais

nos labores selvagens de Hércules do que

*nas satisfações, nos banquetes e camas de plumas de um rei
oriental.*

Revelarei aquilo que podes dar a ti próprio:

*Certamente, o único caminho de uma vida tranquila passa
pela virtude.*

Rosa... disse ela fechando o livro... de certa maneira esse
poema nos chama a atenção para aquilo que eu estava
falando sobre estarmos atentos às nossas lutas diárias em
defesa de nossa saúde física e mental. Quer saber, Rosa?
Todo mundo é muito bom em cuidar da vida dos outros...
mas será que todos também estão focados na própria vida?

Encaixei meu queixo entre o indicador e o polegar e armei
aquele meu olhar 42, que pressupõe dúvida e vontade de
pegar mais um biscoito.

Alimentação

Rosa... nós somos ótimos em cuidar da vida alheia, damos conselhos às pencas a quem possa interessar... mas será que paramos para fazer o mesmo por nós? Cuidando, em nós, de tudo aqui que precisa ser cuidado? Aliás, na boa alimentação é que está um dos segredos da boa saúde física e mental. Mas veja bem, Rosa... boa alimentação tem mais que ver com qualidade do que com quantidade! Você viu a Nair... ali está um bom exemplo do binômio quantidade versus qualidade.

Nossa... ela falou isso justamente na hora que eu ia pegar mais um biscoitinho. Desisti na hora! Minha mão, que estava a caminho dos biscoitos, ficou pairando sobre o pote. Pra disfarçar, rapidamente levantei o indicador e perguntei: Ah, doutora... uma pergunta: é verdade que muito açúcar faz mal? *(foi o que me ocorreu no momento!)*.

É verdade, respondeu... não só o açúcar, assim como o sal também, principalmente se eles forem refinados. Na verdade, Rosa, qualquer alimento ultraprocessado, gordura em excesso... são os grandes vilões que impedem que tenhamos boa saúde. Claro que, às vezes, temos de comer em algum lugar que não seja nossa casa... então ficamos expostos a esses alimentos. Nesse caso, basta não exagerar! Afinal, um pouco de açúcar ou um pouco de sal na alimentação não vai fazer mal. Como eu disse, é só não cometer exageros.

Minha avó, doutora... disse eu interrompendo... dizia que tudo que é demais faz mal, até água! Menos dinheiro... aliás, quanto mais dinheiro melhor! completei pegando mais um biscoito, aproveitando que ela riu olhando para o teto.

Sua avó estava coberta de razão, querida...disse ela... tudo nesta vida depende de equilíbrio e de ter uma alimentação equilibrada. Por exemplo: sempre preferir alimentos naturais e comer legumes e proteínas de qualidade. Eles fazem uma diferença enorme e são o melhor caminho para se ter uma boa saúde.

Sabe, doutora... eu li na internet, num site sobre alimentação, que os melhores alimentos, que deveríamos comer todos os dias, são o ovo e a banana. Fiquei feliz em ler isso porque ovo e banana são as duas coisas que eu como todos os dias. Na verdade, doutora, eu adoro comer... acho até que eu entraria para o Talibã se a comida fosse boa!

Ah! Ah! Ah!... ela riu gostoso... nossa Rosa, que exagero! Seu bom humor sempre me pega desprevenida! Mas veja, você falou em internet, certo? Pois fique sabendo que é preciso tomar cuidado com tudo que você lê na internet. Como a internet é um verdadeiro manancial de informações gratuitas, não podemos dar crédito em tudo que lemos. Por isso pesquise sempre em duas ou três fontes diferentes, para confirmar se o que você está lendo é verdade ou não.

Quem vivia na internet era o Otávio, meu ex... pra ele, a resposta pra tudo estava no Google. Já não ia mais em médico, mecânico... nada! Era tudo no Google! Depois que gente se separou eu soube, por amigos nossos, que ele estava frequentando sites de relacionamento, o cafajeste! Que mulher iria ficar com aquele traste? Nem que o sêmen dele curasse câncer!

Credo, Rosa... ah! ah! ah!... depois dessa só tomando mais um cafezinho! Ainda tem?

Levantei e fui à copa buscar um café pra doutora. Deixei ela rindo sozinha. Na volta, perguntei se ela costumava navegar na internet.

Claro, Rosa... a respeito de informações sobre saúde há muita coisa útil. É só filtrar, pesquisando várias fontes. Aliás podemos melhorar muita coisa em nosso bem-estar. Mas veja bem, Rosa... a internet nunca vai substituir um profissional de saúde ou um especialista. A internet é apenas um apoio, com informações etc. O ideal mesmo é pagar uma consulta com um nutricionista para que ele, avaliando seu peso, seu biótipo e histórico de saúde, possa lhe dar o atendimento nutricional de que você precise. Eu encaminhei a Nair para um especialista em TCA.

Exercício Físico

Mas a Nair, doutora, além de fazer essa tal de reeducação alimentar, vai ter de fazer muito exercício, não vai? Já me falaram que fazer regime sem fazer exercícios físicos a carne fica toda flácida, com as pelancas caindo pra todos os lados. Eu tenho um medão terrível de ficar muito gorda. Porque eu sou boa de garfo, doutora... aquele traste do meu ex dizia que eu não tinha solitária. Ele dizia que eu tinha uma anaconda no estômago. E que eu só dava prejuízo ... etc.

Rosa... gemeu a doutora rindo à beça... pára, porque senão vou fazer xixi aqui mesmo!

Verdade, doutora... continuei... mas eu gosto de comer! Como por puro prazer! Daí o meu medo de engordar feito a Nair! Outro dia passei numa academia que fica no caminho aqui do consultório. Nossa, doutora, saí de lá me arrastando... com dores por todo o corpo... e olha que eu só fui perguntar o preço!

Ela se levantou bruscamente e correu pro banheiro. Rosa... gritou ela lá de dentro... assim você me mata! Ah! Ah! Ah!

Quando voltou estava recomposta. Sentou-se enxugando uma lágrima com um pedaço de papel toalha. Ai, Rosa... você tem cada uma! Mas você tem razão! A prática de exercício físico e uma alimentação adequada são o melhor caminho para uma vida saudável. Agindo assim, a gente aumenta aquela sensação de bem-estar, melhora o sistema cardiorrespiratório, fortalece os músculos e muitos outros benefícios como, por exemplo, melhorar a autoestima!

O importante é ir devagar, principalmente se você não está acostumada a se exercitar ou talvez não tenha esse hábito. Eu, por exemplo, não deixo de fazer minhas caminhadas. Três vezes por semana, uma caminhada de 45 minutos. É o ideal... e você pode fazer em duas prestações: de manhã 20 minutos e à tarde 25 minutos ou vice versa!

Ai, doutora, o máximo que eu tenho feito nesse sentido é levantar de manhã. Minha marca da cama ao banheiro está em 1m20s... mas dá pra melhorar!

Ah! Ah! Ah! Você não tem jeito... mas, olha Rosa, faça isso que eu sugeri e vá aumentando aos poucos, na medida em que você vai pegando gosto. Depois você pode ir evoluindo para corridas leves de curta distância. Vá aumentando conforme aumenta também sua capacidade respiratória. Rosa... correr é bom para emagrecer, tonificar as coxas, manter a forma e trabalhar a resistência muscular. Mas veja bem... caminhar ou correr não é só pra ficar com o corpo em forma. Caminhar ou correr é o que há de melhor para o cérebro em termos de humor, memória e aprendizado.

E frequentar uma academia, doutora... vale a pena? Naquela academia que eu lhe falei me senti muito frustrada. Só tinha umas gostosonas naqueles aparelhos e uma rapaziada com muita tatuagem, muito músculo e, acredito, pouco cérebro! Todo mundo com o corpo lindo, sarado... será que eu conseguiria isso também?

Claro que consegue, querida... nesse caso estamos falando de musculação que é importante fazer de modo correto. Por isso uma academia é importante! Lá tem os profissionais que vão orientar você a ter uma postura correta na execução de cada exercício. Esse profissional vai estabelecer a melhor rotina pra você, de acordo com os seus objetivos.

Depressão? Não! Má alimentação!

Como você vê, Rosa, eu lhe falei sobre os dois grandes pilares que sustentam uma boa saúde para o nosso corpo: uma boa e adequada alimentação e exercícios físicos. Principalmente a alimentação que, direta ou indiretamente, está ligada às nossas emoções. Verdade! Veja... há pessoas que acreditam que nunca vão ficar doentes. É tão falsa essa crença que essas pessoas, ao menor sinal de uma emoção negativa, já acham que estão doentes.

Muito do que sentimos no dia a dia está estreitamente ligado à nossa alimentação. Por exemplo, cafeína demais e alimentos com muito açúcar podem deixar a pessoa com ansiedade. O pó de café que eu compro aqui para o consultório é descafeinado! Já uma alimentação à base de ovos, grãos, frutas, nozes, legumes, peixes... fazem o corpo produzir serotonina e dopamina, que são os hormônios do bem-estar. Também alimentos ricos em vitamina B combatem a depressão.

Doutora... interrompi... a senhora falou do que a gente pode comer. Então o que eu devo cortar na alimentação pra não correr esses riscos de ansiedade e depressão? É muita coisa pra cortar?

Rosa... você tem de cortar todos os alimentos feitos com óleos vegetais, por exemplo, porque são poli-insaturados. Eu falo do óleo de soja, de milho, girassol, canola...

Eu só uso óleo de canola, doutora... interrompi de novo... é mais caro mas acho que é o melhor! Disse eu achando que estava falando algo importante!

Meu Deus, Rosa... disse ela impressionada... pára de usar isso. Canola nem existe na natureza. É uma sigla, querida, que quer dizer Canadian Oil Low Acid, ou seja, óleo canadense de baixa acidez. Um verdadeiro veneno para a saúde, como qualquer outro óleo vegetal. Esses óleos liberam radicais livres que prejudicam nossas células. Temos de fazer como faziam nossos avós: cozinhar com banha suína, mais saudável e econômica.

Corte também alimentos ricos em açúcar ou sódio, como os fast foods da vida, comida enlatada, empacotada, como os biscoitos recheados... tudo isso provoca deficiência de vitaminas e minerais e causam aquela sensação de fadiga e irritabilidade.

Tudo que eu gosto, doutora... e amo comer! Se tiver mais alguma coisa pra cortar me avise... porque agora, só cortando os pulsos também!

Credo, Rosa... ah! ah! ah! Não exagere! Uma bolachinha ou um cheeseburger vez ou outra não vai matar ninguém. É só não fazer disso um hábito! Outra coisa, Rosa... nunca deixe de beber água, o elemento mais crítico e importante para a vida humana. Ela regula a nossa temperatura e é essencial para todas as funções do nosso organismo. Rosa... sabia que de 60 a 70% do nosso peso é composto de água?

Sabia não, doutora... mas o corpo daquele traste do meu ex com certeza era composto de 60 a 70% de vodka e whisky. Aliás, quando morrer, ninguém vai saber se enterra, crema ou engarrafa! *(a doutora teve de ir ao banheiro de novo!)*

Ai, Rosa... disse ela voltando e ainda rindo... acabei de descobrir toda a importância que você tem para as minhas funções diuréticas. Mas continuando... como eu disse, nosso corpo tem 70% de água, certo? Então temos de manter essa água limpa, bebendo, pelo menos, dois litros de água todos os dias. Um idoso, por exemplo, que não beba água suficiente pode começar a esquecer coisas, nomes, caminhos... isso, às vezes, é confundido com Alzheimer mas, na maioria das vezes, é desidratação mesmo!

Comecei a rir e a doutora, claro, perguntou por quê. Falei pra ela de um velhinho que tinha ido ao médico porque, ultimamente, estava esquecendo de tudo. E ele disse ao médico: *Doutor... não sei, o senhor me fala uma coisa e num instante eu esqueço!* O médico, então, perguntou-lhe: *E desde quando o senhor está assim?* O velhinho olhou pro médico com aquela cara de paisagem e perguntou: *Assim como, doutor?*

Lá foi a doutora, novamente, correndo pro banheiro!

Capítulo 7

Hoje eu acordei com o astral lá no último andar! Logo ao acordar, depois de dar um tapinha na campainha do rádio relógio, disse para mim mesma: "Rosa Maria... hoje vai ser um outro grande dia!" Até rimou! Mas, de fato, depois que comecei a trabalhar no consultório da dra. Norma, tenho acordado feliz. Feliz porque é o meu melhor emprego e a doutora a melhor chefe, de todos que já tive!

Ela é ótima comigo e me trata como se eu fosse uma "protegida" dela. Aliás, tem momentos que eu não sei se sou uma funcionária ou se sou uma paciente. Na verdade a paciente é ela, porque pra lidar comigo é preciso paciência! Nos finais de expediente, em que a gente conversa tomando café, ela não perde a oportunidade de me incentivar com conselhos maravilhosos.

Ultimamente, ela tem me incentivado muito a voltar a estudar! Putz... nessas horas eu dou uma travada. Voltar a estudar? Só eu e Deus sabemos como consegui concluir o Ensino Médio... foi mais ou menos como bêbado subindo uma ladeira, aos trancos e barrancos! Na primeira vez que falou disso, ela citou aquele filósofo grego, o Sócrates, que dizia: se alguém quiser ser completo tem de estudar, trabalhar e lutar. Bem, trabalhar e lutar é o que eu tenho feito diariamente, mas estudar...

Quando penso em voltar a estudar, já começo a sentir todas as dificuldades que, certamente, enfrentarei. E aí bate aquela preguiça... mas não sou preguiçosa! Gosto de trabalhar, de fazer, desfazer... gosto de me manter ativa. Mas não sinto esse entusiasmo quando se trata de estudar. Acho que minha preguiça é mental! Aliás. sinto que eu tenho mais preguiça no espírito do que no corpo.

Mas ouvindo a doutora, aprendi que, em vez de a gente ver dificuldade em cada oportunidade, devemos ver, sim, um desafio em cada dificuldade.

Frase linda essa! Interessante e estimulante! Mas acho que preciso mais do que uma boa frase pra me fazer voltar a estudar. Só penso nos desafios que terei pela frente, já que faz mais de um ano que parei de estudar. Só penso nisso! Mas só penso... e, quando a doutora começa a insistir nisso, eu entro no modo avião! Não falo nada, só fico pensando... pensando...

Outro dia, na hora do cafezinho de final de tarde, ela me falou sobre os meus pensamentos. Falou que tudo que a gente pensa, direta ou indiretamente, influencia em nossas ações e nossos sentimentos. Portanto, não era bom ficar pensando em estudar como sendo uma dificuldade...

Rosa... perguntou ela... sabe quantos pensamentos você tem por dia? Putz, doutora... respondi... acho que seria o mesmo que contar quantas vezes meus olhos piscam por dia. Impossível saber! Acho que com pensamentos o raciocínio é o mesmo!

Ah! ah! Ah!... riu a doutora... você não está errada, querida! De fato, parece quase impossível contarmos nossos pensamentos. Mas saiba você que, segundo um estudo, realizado por uma universidade na Califórnia, uma pessoa tem cerca de 12 a 60 mil pensamentos por dia.

Agora olha só... segundo esses especialistas, que realizaram esse estudo, pelo menos de 80 a 90% desses pensamentos são inúteis, completou ela. Imagino que sim... disse eu... 12 a 60 mil pensamentos por dia? Fico cansada só de pensar nisso...

Olha Rosa... esse cansaço é uma realidade! Você já ouviu a expressão "cansaço mental", certo? Pois é... o ato de pensar exige esforços da mesma maneira que exigem os esforços físicos.

Isso que eu não entendo, doutora... comecei perguntando... às vezes fico pensando tanto em um problema que, no final, sinto tanta canseira... como se eu fosse a Cinderela após uma faxina total no castelo e... sem ajuda dos passarinhos! Por que isso?

O cérebro, Rosa... respondeu ela rindo... é naturalmente preguiçoso, porque pensar gasta muita energia. Quando você fica forçando muito o pensamento em uma mesma tarefa, você acaba provocando aquilo que chamamos de fadiga mental. Aí vem aquela sensação de esgotamento, dificuldade de concentração, de motivação... nesse estado a gente não consegue progredir e até nossa capacidade de tomar decisões fica comprometida. Às vezes, Rosa, a fadiga mental é uma sensação até mais forte que o cansaço físico! Acredite!

Acredito! Mas doutora... perguntei... como se explica isso? O pensamento é um negócio tão... sei lá... invisível, intocável... não tem peso, cor, não dá pra guardar na bolsa pra usar depois... a senhora me entende? Como isso pode deixar a gente cansada?

Rosa... disse ela se servindo de mais um cafezinho... primeiro vamos tentar entender o que é um pensamento.

Sim... disse eu segurando o queixo com o indicador e o polegar (adoro essa pose!) lançando aquele meu olhar 42... e o que é um pensamento, doutora?

Rosa... disse ela devolvendo a xícara ao pires... se você abrir o dicionário e procurar a palavra *pensamento* vai encontrar uma resposta simples, tipo: *"ato de pensar ou considerar algo, uma ideia ou opinião ou, ainda, um conjunto de ideias sobre determinado assunto."* Porém, Rosa, em se tratando de conceituar o que é um pensamento, isso é muito pouco, muito raso.

Entendi, doutora, seria como olhar uma pontinha do iceberg sem enxergar o enorme bloco de gelo que há por baixo, não é isso?... perguntei toda orgulhosa da precisão do meu exemplo.

Exatamente, querida... respondeu ela sorrindo... o verbete do dicionário é apenas a ponta desse seu iceberg. Escuta... ainda temos biscoito amanteigados? Temos sim... respondi, levantando pra pegar o pote... hoje não foi o dia da Nair vir aqui para uma sessão com a senhora.

Lá da cozinha escutei ela rindo... também fiquei pensando que, se o capitão do Titanic soubesse um pouco mais sobre icebergs, toda aquela tragédia seria evitada e o James Cameron e o Di Caprio não teriam faturado aquela grana toda! Voltei da cozinha com o pote de biscoitos... aqui está, doutora, mais um cafezinho?

Quero sim, Rosa... por favor... ah! Obrigada... veja querida, como eu dizia, conceituar o pensamento é algo muito complexo. Mas eu poderia começar lhe explicando que, à medida em que a espécie humana foi evoluindo, o cérebro também foi evoluindo junto, até mesmo aumentando de tamanho. Nesse processo, foi aumentando também o número de neurônios, fazendo com que as funções cerebrais fossem se tornando cada vez mais... digamos, mais robustas, mais eficazes! O pensamento nada mais é do que uma dessas funções que surgiu e foi sendo aprimorada conforme o cérebro foi evoluindo cada vez mais.

Certo, doutora... concordei... mas eu ainda não entendi como se forma o pensamento. Como ele nasce? Por exemplo... é só uma comparação, tá? Quando a gente, sem querer, enfia uma farpa de madeira na mão ou pisa em algo pontudo, a gente sente uma dor lascada, não é? Nessas horas eu solto os mais cabeludos palavrões e o meu organismo, penso eu, começa um processo de... sei lá... de defesa. Então, no lugar do machucado, começa a se formar uma feridinha, às vezes, com pus... que nada mais é do que o meu corpo dando um jeito de se resolver.

Não entendi aonde você quer chegar, Rosa! disse ela pegando um biscoito.

Vou tentar me explicar, doutora! O que eu quis dizer é que aquele vermelho em volta do machucado, o inchaço e aquele amarelinho do pus... tudo isso foi meu corpo que fez sozinho, sem que eu pedisse. Acho que os pensamentos nascem do mesmo jeito... vêm na nossa cabeça como vem a conta de luz, água... sem a gente pedir!

Ah! Ah! Ah! Só você mesmo... disse a doutora rindo... mas olha, Rosa... os pensamentos não nascem do nada. É preciso que haja uma reação eletroquímica entre os neurotransmissores e as células nervosas, que são os bilhões de neurônios. Chamamos essa reação de sinapse, que é o meio que os neurônios usam para se comunicar com os neurotransmissores.

Sinapse pra mim parece nome de drink... pensei, mas não falei... estou até vendo um barman perguntando ao cliente: "Bebida, senhor?" "Sim, por favor... me vê uma dose de sinapse com limão e gelo!" "É pra já... o senhor prefere a sinapse russa ou a nacional mesmo?" "Humm... prefiro a russa, com bastante gelo!" Comecei a rir por dentro, mas a doutora percebeu...

De que você está rindo, Rosa? perguntou ela com um ligeiro sorriso. Nada não, doutora... respondi... só estava pensando nessa coisa complicada que é o pensamento. Dá até vontade de parar de pensar... que trabalheira!

Eu te conheço, Rosa... disse se servindo de mais café... você estava pensando em alguma coisa engraçada. Mas depois você me conta, porque, você sabe, eu também gosto de rir. Mas vamos continuar... gosto desse tema: pensamentos!

Muitas pessoas acham que os pensamentos são apenas ideias que saem do nosso cérebro ou frases que saem da nossa boca. Na verdade, Rosa, os pensamentos são mais do que isso. Eu diria que a grande usina, de onde nascem nossos pensamentos, são nossos sentidos. Tudo que vemos, ouvimos, sentimos, tocamos... gera pensamentos. Assim, os pensamentos nada mais são do que cenas que representam nossa realidade. Estão relacionados com o nosso senso crítico! Até nos proporcionam elaborar percepções, emoções, sentimentos e todo e qualquer significado que damos para objetos, experiências, lembranças, imagens e acontecimentos. Pensar nos ajuda a interpretar o ambiente à nossa volta.

A senhora falou em lembranças... disse eu pegando um biscoito... quer dizer, não só os meus sentidos produzem pensamentos mas tudo que eu me lembre também, né? Por exemplo... acabei de me lembrar que amanhã é dia da Nair vir para uma sessão. Talvez devêssemos providenciar mais biscoitos amanteigados... a senhora não acha? Ela sempre pega de três em três...

Ah! Ah! Ah!... bem pensado, querida! Aliás, você tocou num ponto importante: a memória desempenha um papel fundamental no pensamento, pois ela permite a recuperação de informações importantes! Pensar também permite acumular informações, ajudando-nos a tomar decisões no presente e, claro, até mesmo a planejar o futuro.

Entendi, doutora... disse eu... mas pensar é fácil. Difícil mesmo é agir. Acho que a maior dificuldade que existe é a gente agir conforme o que pensamos. Eu penso muito quando a senhora diz para eu voltar a estudar. Penso mesmo... consigo ver o quanto seria importante para mim, para minha vida... mas quando penso em agir... pois sim, é um Deus nos acuda! Acho que eu não dou conta, não!

Rosa, preste atenção... disse ela gravemente, recostando na poltrona, cruzando as pernas e juntando as palmas das mãos como se fosse orar... sabe onde está a raiz de todos os nossos fracassos? Está no fato de se ficar pensando: "Oh, como sou inútil! Oh! Como sou fraca!" "Oh, isso"... "Oh, aquilo"... Pára com isso, minha filha... *(nossa, agora me deu em aperto! Minha filha?")* Rosa... é fundamental você começar a pensar de modo firme e poderoso em... "Seja lá o que for, eu consigo"! "Seja como for, eu conseguirei!"... faça isso sem pretensão, sem ostentação ou preocupação.

Farei mãe... quer dizer, doutora! De agora em diante pensarei em meus estudos de forma mais prática, mais objetiva e... segunda-feira vou ver um cursinho pra eu prestar um vestibular e...

Isso mesmo, Rosa... cortou ela entusiasmada... aliás esse tipo de pensamento tem nome: chama-se...

Pensamento prático: é quando você pára com a abstração e a teoria e passa para a prática. Isso significa sair da esfera do pensamento e colocar em prática seus objetivos. Há outros tipos de pensamentos, Rosa, veja:

Pensamento analítico: é quando você junta todas as informações sobre seu objetivo, no seu caso voltar a estudar, e pesa os prós e os contras. Essa análise ajuda você a encontrar a melhor opção. Que faculdade farei? Onde farei? etc.

Pensamento sistêmico: esse permite a você compreender todos os pequenos detalhes do seu objetivo. Digamos que você pretenda, como eu fiz, cursar Psicanálise. Com o pensamento sistêmico você vai descobrir pequenos fatos sobre comportamento humano e processos mentais, funcionamento do cérebro, memória etc. Vai entender que esses detalhes fazem parte de um sistema maior e compreender uma dimensão maior da realidade.

Pensamento criativo: esse pensamento diz respeito à inovação. Permite a você a criar novas maneiras de se abordar um problema. Você Rosa, com seu bom humor e perspicácia, na minha opinião, daria uma excelente psicanalista. Certamente, você criaria novas abordagens no tratamento de problemas mentais.

Pensamento lógico: esse é aquele pensamento orientado para o encadeamento lógico de ideias e argumentos. Essas ideias e argumentos, em geral, são incontestáveis e ajudam na compreensão de mundo e dos problemas do dia a dia. Ele é formado por duas formas de racionalização importantes:

- ☒ **Pensamento dedutivo:** permite pegar um fato incontestável e aplicá-lo a casos específicos. Por exemplo: *Todo cachorro late*. Se Rex late, Rex é um cachorro.
- ☒ **Pensamento indutivo:** esse é o contrário. Permite você pegar vários casos específicos e transformá-los em um fato incontestável. Por exemplo: *todos os cachorros que conheço, latem*. Logo, todo cachorro late.

Uau, doutora, achei demais esse negócio de pensamento dedutivo. Esses exemplos do cachorro são incríveis. Eu me lembro quando tive Filosofia no Ensino Médio, minha professora, dona Carmelita, falava algumas coisas assim.

É verdade, Rosa... disse ela... esse é um tema bastante recorrente nas aulas de Filosofia. Você gostava de Filosofia?

Gostava sim... até o dia em que a dona Carmelita me pediu um exemplo de dedução lógica. Eu me levantei da carteira e disse: "Toda cadeira é um móvel!" Muito bem, Rosinha... essa é uma premissa verdadeira. Complete agora pra toda a classe a sua dedução. Vamos ver! Tirei um pigarro e completei: "Estou com dor nas cadeiras, logo estou com dor no móvel!" Toda a classe caiu na gargalhada... menos a Don Carmelita, claro, que me mandou ir curar minha "dor nas cadeiras" lá na diretoria.

Ah! Ah! Ah! Rosa... essa professora não tinha o menor senso de humor! Eu teria lhe dado um zero em Filosofia, mas um enorme 10 em criatividade! Muito boa essa, boa mesmo e...

Doutora... interrompi... sem querer cortá-la, e já cortando, é possível controlar nossos pensamentos? Quero dizer... selecionar os melhores e rejeitar os ruins? Porque na minha mente, os pensamentos vêm como se fosse uma rua movimentada e eu, na esquina, ficasse olhando procurando um namorado... difícil ver quem é quem, qual o mais bonito, o mais inteligente, o que tem o sorriso mais atraente, o que está mais bem vestido... como manter o foco?

Sua comparação é boa, Rosa... disse ela rindo... uma mente desfocada e perdida em vários objetivos tende a ter um turbilhão de pensamentos desencontrados. A mente focada sabe o que quer e não se deixa perder em abstrações. Uma boa ferramenta para o controle dos pensamentos é a...

Meditação

Rosa... essa é uma atividade das mais eficazes para se controlar os pensamentos. É uma prática de regulação e sincronização do corpo e da mente, que treina a focalização da atenção para se alcançar tranquilidade, concentração, redução de estresse e de ansiedade. Claro, e vai lhe ajudar a atingir seu objetivo principal que é cursar uma faculdade.

A senhora falando em meditação, eu me lembro daqueles hindus de turbantes, sentados de pernas cruzadas olhando o nada...

Sim, Rosa... isso é meditação, mas os hindus levam a meditação a outro nível, muito mais profundo... a intenção deles é atingir o nirvana, ou seja, obter o pleno total conhecimento de si mesmo e chegar à iluminação total e...

Nirvana? Melhor seria atingir os Beatles ou o Led Zeppelin. Nirvana não curto muito, não!

Ah! Ah! Ah! Meu Deus, Rosa... o nirvana dos hindus é outro. Não tem nada que ver com bandas de rock! Atingir o nirvana, para os hindus, é atingir um completo estado de beatitude, ou seja, felicidade plena e bem-aventurança. No nosso caso, usamos a meditação para um relaxamento físico e mental, para reduzir a ansiedade, melhorar a respiração, o humor e criar mais disposição para as atividades do dia a dia e, claro, controlar os pensamentos.

Interessante, doutora... disse eu... gostei da ideia. Só não sei ficar naquela posição típica da meditação. Tenho a impressão de que, se eu cruzar minhas pernas daquele jeito, nunca mais vou conseguir descruzar e voltar ao normal. Ainda mais ficar com as duas mão sobre os joelhos e com os dedos fazendo aquele sinal que, pra mim, significa outra coisa. Já pensou?

Ai, Rosa... disse a doutora rindo com vontade... vou acabar fazendo xixi aqui mesmo. Ah! Ah! Ah! Mas olha... outro dia vamos falar de maneira mais aprofundada sobre meditação, ok?

Certo... concordei... e sabe, doutora, cheguei à conclusão de que eu quero fazer faculdade de Psicanálise. Quero ser como a senhora!

Pois olha, Rosa... me sinto vaidosa em ser uma referência pra você. Mas, na verdade, eu é que queria ser como você com esse seu bom humor impagável. Pois pode contar comigo nessa sua empreitada. Ajudarei você no que for preciso, porque, mesmo sem perceber objetivamente, você me ajuda muito e eu sou muito grata em ter você aqui comigo.

Nossa, doutora... disse eu meio que emocionada... nunca, desde a época em que eu ainda treinava pra usar o peniquinho, me senti tão feliz na minha vida! Obrigada por tudo!

Obrigada de quê? Rosa, querida... últimos conselhos: diga sempre o que você pensa com esperança. Pense no que você faz com fé. E faça o que você deve fazer com amor. O que restar é lucro... agora vamos que está na hora da nossa novela...

Fui embora me sentindo nas alturas...

Capítulo 8

Meditação

(Todos os dias, vou cada vez melhor!)

Acreditem ou não, recomecei a estudar! Inscrevi-me num cursinho e agora, sob o saudável e maternal apoio da doutora Norma, estou me preparando para prestar um vestibular e, assim, entrar para uma faculdade. Aliás, já está decidido: quero frequentar uma faculdade de psicologia para depois fazer um bom curso de psicanálise. Igual à doutora!

Mas confesso... não está fácil! Estou me sentindo como aquele foguete que, depois de muito tempo no espaço, tem de voltar para a Terra. Se ele reentrar de uma vez é capaz de explodir! Por isso ele tem de ficar contornando o planeta e, devagarzinho, ir penetrando na atmosfera. Tem de entrar meio que de esguelha!

Eu também... estou reentrando no universo acadêmico de esguelha. Porque senão vou acabar explodindo. Rever, tratar e estudar assuntos que eu não via há muito tempo está sendo complicado. Português, Matemática, Ciências, Geografia, História... são tantas coisas para estudar que é uma loucura! Às vezes bate um desânimo! Nessas horas, impossível não me lembrar das palavras da doutora: "Rosa"... disse ela uma vez... "ninguém fica doido de tanto estudar. É mais fácil ficar doido sendo ignorante"!

Não dá pra discordar de uma afirmação dessa, né?! Ela vive me dizendo que estudar é a luz da vida, é a nossa força maior etc... mas eu sinto que tenho de economizar energia na hora do "vamos ver"! Está sendo uma barra encarar o cursinho. Nas aulas de Português, por exemplo, eu não passo de um sujeito oculto sem nenhum predicado. Até agora só consegui um objeto direto... Percy o professor de Português, um gatão maravilhoso... um substantivo repleto de bons adjetivos!

Aliás, foi ele quem me fez descobrir que eu não tenho nada que ver com a área de exatas. Gosto de Geografia, História, Línguas... mas Matemática, Física, Química, Biologia... estão para mim da mesma forma que um solista de guitarra está para uma roda de pagodeiros. Mas não tem jeito... se eu quiser passar num vestibular tenho de estudar tudo isso também. Como dizia aquele cretino do meu ex... "se quiser comer da minha feijoada, tem de tomar da minha cachaça!"

Quando é aula de Matemática, eu me sinto reduzida a uma fração ordinária. O professor Ganimedes é um velhote que deve ter a idade das pirâmides. Um sádico, parecido com o Sr. Cabeça-de-Batata, que sente orgasmos quando me pede pra ir à lousa resolver uma equação. Nessas horas eu quero morrer de Covid e febre amarela por ter de entrar, na frente de todo mundo, num corpo a corpo com uma equação do 2º grau. Fico olhando a equação com enorme antipatia... e ela retribui! Passados alguns segundos, esse verdugo de cara redonda diz: "Vá sentar menina! Alguém aí sabe?" Vou sentar com todos me olhando como seu eu fosse uma leprosa numa barraca de beijos!

Mas gosto das aulas de Ciências. A professora é uma gracinha... pequenininha, fofinha... tanto que já ganhou o apelido de Pituca. Uma delícia as aulas dela! Meu colega de carteira, o Alaor, está caidaço! Outro dia ele me disse, suspirando, que a Pituca, enquanto professora de Ciências, é o mais belo espécime de mamífero vertebrado... um fantástico conjunto de cabeça, tronco e membros. Disse que, se pudesse, embalsamaria a Pituca e a colocaria num chaveiro... só pra ficar junto dele. Eu, hein? Vai ser gamado assim lá em casa!

Mas é isso... de segunda à sexta, depois do final de expediente no consultório, vou para o cursinho à noite. Está sendo puxado, mas ainda bem que eu tenho a doutora que vem me dando muita força e coragem para continuar e não esmorecer. Ela sempre me diz que estudar é bom e que o importante não é estudar para viver mas, sim, viver para estudar.

Ela também diz que estudar não é perder tempo. Estudar é investir tempo. Nessas horas ela sempre lembra alguma frase do filósofo Sócrates. A última que ela me disse foi: "Temos de estudar e enfrentar os desafios, porque uma vida sem desafios não vale a pena ser vivida."

O que eu não posso de jeito nenhum é perder o foco... já me basta perder a novela! Mas é difícil manter o foco com tantas coisas acontecendo à minha volta! Principalmente em tempos de internet! Por exemplo, eu abro o computador e começo uma pesquisa para, sei lá, algum trabalho da escola. Nesse momento estou focada no assunto que tenho de pesquisar.

Mas aí eu passo pelo Facebook e dou uma olhadinha nas postagens... pronto! Meu foco já perdeu o rumo, porque bate uma vontade irresistível de ficar navegando, vendo fotos, ofertas, cãezinhos fofos, gatinhos, bebês que tocam piano, cegos que praticam tiro ao alvo, ervas mágicas que emagrecem... outro clique me leva para o Instagram e é a mesma coisa; outro clique e já estou no Whatsapp trocando ideias com a turma da escola... e por aí vai! A pesquisa? Ora, a pesquisa... amanhã eu faço! E é sempre assim...

Comentei com a doutora Norma sobre isso e já de cara tomei uma bronca! Como assim, Rosa... perguntou ela... você é aquela mulher determinada, corajosa, ousada, que eu conheço... ou você é um rato?

Não respondi... apenas senti uma vontade enorme de comer queijo. Ela, claro, notou que eu fiquei toda encabulada, sem resposta. Rosa... disse ela com meiguice e já alternando para o modo maternal... se você muda o foco, você muda a direção. Se mudar os pensamentos, você mudará o comportamento. Mude o rumo e você mudará os resultados... as coisas, querida, só mudam para quem muda! Entendeu?

Apenas balancei a cabeça, toda constrangida e, antes que eu dissesse alguma coisa, ela completou: Rosa... a única pessoa que pode mudar o seu futuro é você mesma. Portanto, acredite em você e faça do seu sonho uma realidade!

Sim, eu sei, doutora... respondi com a voz um tanto embargada e com os olhos querendo soltar uma lágrima... só não sei como fazer isso. Parece que alguma coisa mais forte que eu me tira do foco. Basta um pequeno obstáculo e eu...

Rosa... cortou ela colocando a mão em meu ombro... há alguns dias eu lhe prometi que falaria mais profundamente sobre meditação. Acho que esse é o momento... porque a meditação é a melhor técnica para desenvolver equilíbrio, disciplina e foco. Agora que voltou a estudar você está precisando exatamente disso: equilíbrio, disciplina e foco! Você vai conseguir, eu prometo! Vai conseguir realizar seu sonho e, estudando com afinco e determinação, você vai ser a melhor psicanalista!

Ao ouvir essas palavras, senti-me motivada! Grande doutora Norma... só ela consegue me empurrar para cima! Obrigada, doutora... disse eu comovida... se não fosse a senhora sei lá o que seria de mim!

Ora Rosa... assim você me deixa toda inchada! Considere-me apenas como a uma professora... igual às muitas que você já teve!

Mas a senhora é diferente, doutora... respondi... bem diferente dos meus professores! Principalmente aqueles que tive quando era criança. Eles diziam: "Rosinha... sem estudar, sua vida vai ser uma droga!". Como eu era criança não sabia o que responder. Mas hoje... bem, hoje eu sei que não preciso de droga nenhuma... só estudar já me deixa doidona!

Ah! Ah! Ah! Ai Rosa... disse ela rindo... você e suas piadas! A que horas é a próxima consulta? Quero começar hoje mesmo a falar com você sobre meditação...

Saí da sala dela e fui pegar minha agenda. Só tem mais uma hoje, doutora... disse eu mostrando a agenda pra ela... e adivinha só! Hoje tem Nair às 4 e meia. Melhor eu abastecer o pote de biscoitos...

Ela deu risada e disse que depois da Nair a gente falaria sobre meditação. Vai dar certo, pensei, porque a consulta dura de 45 minutos a uma hora. Vamos poder conversar bastante até as dezoito horas e não chegarei atrasada no cursinho. Fui pra minha mesa na recepção pra receber a Nair quando ela chegasse.

Não demorou muito. Quando ela chegou estava estudando português e ouvindo a voz do professor Percy na minha cabeça. Foi ela entrar na recepção e o meu queixo cair à altura do carpete! Era outra Nair... estava linda, dentro de uma calça de tecido preta e uma blusa de linho amarela, gola em V salientando um ligeiro decote, bolsa e sapatos de salto baixo combinando com todo o conjunto... enfim, já não estava mais gordona, cabelo desgrenhado, rosto bolachudo como quando ela veio, toda derrubada, se consultar há três meses. Quando veio aqui pela primeira vez, a Nair tinha mais pneus que uma borracharia! Mas agora... Jesus, Maria e José... que mudança! Não estava magra... mas estava uma gatona fofa!

No-nossa, Nair... disse eu me levantando e sem aqueles exageros cordiais... como você está linda! Ai, Rosa... disse ela acanhada... assim você me deixa encabulada!

Não, não se sente ainda... disse eu segurando-a pelo braço... dê uma voltinha. Quero ver melhor o quanto você está maravilhosa! Ela me atendeu fazendo um trejeito coquete, como se estivesse numa passarela. Ai, Rosa... sorriu ela... para com isso... olha, já estou vermelha!

Deixe de ser boba, Nair... como diria aquele traste do meu ex: " Você está do jeito que o diabo gosta e Deus, ainda por cima, abençoa!" Por falar nisso e o Olavo, seu marido? Como ele vem lidando com essa mudança toda?

Ah, Rosa, nem te conto... disse ela dando um sorriso como se tivesse um cabide dentro da boca... ele está mais caseiro agora e me olha como um gato olhando para um aquário. Mas quer saber? Não estou nem aí... sabe, Rosa? Conforme eu fui mudando meu visual (que só eu e Deus sabemos o quanto deu trabalho!) e depois fui me arrumando melhor, cuidando mais da minha aparência... o

Olavo foi deixando de ter importância para mim! Fui mudando por fora e... veja você... fui mudando por dentro! Lembrei-me das palavras da doutora...

Mas e a vesguinha da farmácia... perguntei abismada... eles ainda estão naquele remelexo? Não sei, Rosa... respondeu ela com uma segurança impressionante... e nem quero saber! Graças à doutora Norma aprendi a me valorizar mais, a ter a autoestima lá em cima. Sei lá... fui ficando mais seletiva. Você aprende a escolher o que é melhor pra você e o Olavo, Rosa, descobri que não é o melhor para mim. Claro, ainda não deixei de ser esposa... cuido da casa, da comida, das roupas dele... mas não sinto mais interesse em continuar a ser mulher dele. A verdade, Rosa, é que eu desapaixonei do Olavo.

A vá, Nair... disse eu dando uma piscada... tem de haver uma motivação pra gente deixar de amar alguém. Quem é ele? Conte-me tudo e não me esconda nada!

Ela sentou-se, colocou a bolsa sobre os joelhos e, sorrindo e revirando os olhos, exclamou como a um hindu pronunciando o próprio mantra: Jetro...

Jetro?... exclamei... que nome exótico, Nair! *(Não falei nada, só pensei... a mim pareceu nome de carro: "Chegou Jetro... o novo sedan da Volkswagen! Fiquei rindo por dentro!)* É um nome bíblico... explicou-me ela... ele vem de uma família de evangélicos. Ele é muito bonzinho, educado e foi graças a ele que eu perdi peso no corpo, mas ganhei, veja você, peso na consciência. Agora tenho pena do Olavo porque, pelo andar da carruagem, logo logo meu casamento vai pro espaço!

Não me diga, menina... mas onde você conheceu o Jetor? Jetro... corrigiu ela franzindo a testa... ele trabalha lá na academia que eu frequento. Ele é, vamos dizer, um orientador da turma. Vai ensinando os exercícios, como usar os aparelhos e tal. Depois de um tempo indo lá, ele começou a me dar uma atenção especial e eu também fui me sentindo atraída por ele.

Mas conta aí, Nair... perguntei toda curiosa... já rolou alguma coisa mais séria entre vocês? Bem... disse ela meio que corando... uma vez ele me convidou pra tomar um café na cantina em frente e... ai, Rosa...

Não acredito, Nair... arregalei os olhos... você foram pro crime? Nãããoo, menina... espantou-se ela... foi só um beijo... mas eu senti como se alguma coisa estivesse se misturando entre a gente. Nair, o nome disso é saliva... disse eu sentando ao seu lado. Trocamos uma gargalhada e eu, claro, já fui perguntando: Que mais? Que mais? Mais nada... disse ela resoluta... não quero fazer com o Olavo o que ele fez comigo. Não sou dessas! Disse a ele que, algo mais sério, somente depois que eu me separasse.

Claro Nair, claro... concordei... e ele entendeu? Não ficou insistindo? Magina, Rosa... respondeu ela entusiasmada... entendeu na hora e até me elogiou e que ficaria me esperando, acredita? Olha... disse ela abrindo a bolsa e pegando o celular... vou te mostrar uma foto dele que eu tirei lá na academia. O que você acha? Uau, Nair... exclamei pegando o celular... que bonitão, hein?

O tal de Jetro era uma montanha de músculos. Saradíssimo e nenhuma tatuagem. Bem, era evangélico e essa turma acha que tatuagem é coisa do satanás. Mas o cara tinha um corpão que... só com uma das coxas eu montaria um açougue! O café da manhã dele deve ser sucrilhos e limalhas de ferro. Na nuca dele deveria vir escrito: "Não contém glúten, mas contém glúteos." E que glúteos... fatiados dariam um belo churrasco pra toda a academia! Achei que o Percy é bem mais bonito. Não é musculoso como o Jetro, mas tem uns olhos verdes... acho que eu iria passear na faixa de Gaza se ele me convidasse!

Claro que eu poupei a Nair desses comentários. Devolvi o celular apenas lhe dizendo: É um homem bonito, Nair! Mas olha... não se deixe levar pelo coração. Privilegie seu cérebro também e nunca se esqueça: a pessoa mais importante pra você é você mesma! Fale sobre isso com a doutora...

Farei isso, Rosa... disse ela guardando o celular na bolsa... não se preocupe! Você poderia avisar a doutora que eu estou aqui? Claro... disse eu olhando o relógio... aliás ela estava esperando você. Levantei-me e dei duas batidinhas na porta, abrindo-a. Oi doutora... a Nair está aqui! Pode entrar, Nair... disse eu... quer um café? Uma água? Ela fez não com a cabeça e entrou.

Fechei a porta, sentei-me à minha mesa e peguei meu módulo de Português. Mas não consegui estudar direito... fiquei pensando nos milagres que uma academia pode fazer, quando se tem disciplina, determinação e foco! Também pensei no meu professor de Português... me deu um troço esquisito. Sei não...

A Nair ficou com a doutora Norma durante quase uma hora. Quando saiu estava sorridente e exalando felicidade! Levei-a até à porta e ela se despediu de mim dando-me um abraço dos mais fortes. Obrigada, Rosa... disse ela suavemente... você e a doutora são muito importantes para mim. Depois do Jetro, certo?... perguntei brincando com ela. Ela respondeu com uma gargalhada e, ajeitando a bolsa no ombro, foi seguindo pela calçada. Fiquei olhando ela se afastar refletindo: o que não faz uma boa terapia, hein?

Voltei para dentro e a doutora Norma estava folheando meu módulo de Português. Saudades dos meus tempos de estudante... disse ela... com uma expressão de sincera saudade.

 Nossa, Rosa... disse ela fechando o meu livro... você viu que maravilha está a Nair? Puxa... eu fico tão satisfeita quando eu vejo os bons resultados de uma terapia. Você não fica? Fico sim... respondi... mas fiquei mais impressionada com o fato de ela não ter pedido biscoitos amanteigados...

Ah! Ah! Ah! Rosa... disse a doutora rindo... como você é perspicaz! Eu ofereci biscoitos a ela durante nossa conversa... e ela recusou dizendo que a dieta dela era séria e que não poderia fraquejar nunca! Sabe o que é isso, Rosa?

Já sei o que a senhora vai me dizer: determinação, disciplina e foco... respondi com alguma convicção. Isso mesmo, Rosa... respondeu ela... a Nair nos mostrou tudo que se pode conseguir com determinação, disciplina e foco. Justamente sobre isso que eu gostaria de conversar com você hoje. Vamos entrar no consultório e nos sentar... ah! traga um cafezinho!

Servi-lhe uma xícara de café e, claro, outra para mim. Acomodei-me na poltrona e ela na outra. Ela deu um gole no café e colocou a xícara na mesinha. Rosa... começou ela juntando os dedos das mãos... foi uma feliz coincidência a Nair vir hoje, porque ela está determinada, disciplinada e focada e isso têm tudo que ver com o tema que eu quero expor pra você: meditação!

Sou toda ouvidos, doutora... disse eu tentando espantar o Percy da minha cabeça... para o quesito concentração acho que não comecei bem.

Vamos lá! A meditação, Rosa, é uma técnica muito antiga, milenar eu diria, que ajuda você a desenvolver a concentração e o foco, além de promover outros benefícios. Mas concentração e foco é o que mais você precisa no momento para seguir seus estudos e obter sucesso.

Isso é verdade, doutora... concordei ainda sem entender direito o que é meditação... quais outros benefícios da meditação?

Nossa, Rosa... são muitos! Por exemplo: faz você ter uma mente mais calma; melhora a sua memória, desenvolve sua atenção e seu foco; aumenta sua produtividade; reduz o estresse e a ansiedade; com a meditação você lida melhor com as emoções negativas e com a dor física e muitos outros que, conforme a gente for falando, eu vou me lembrando. O importante a saber agora é que, na meditação, você é a protagonista dos seus pensamentos. Ela faz você entrar em contato com a sua essência e ficar longe das coisas materiais.

Nossa, doutora Norma... exclamei... que legal! Gosto da ideia de ter domínio sobre os meus pensamentos. Aliás, eu já sou assim, sabe?... menti, ainda tentando espantar o Percy que estava nadando de braçadas na minha cabeça. Sei lá Rosa... disse ela gravemente... sem meditação é muito difícil a gente ter controle sobre nossos pensamentos. Entendeu?

Fiquei em silêncio olhando pra ela, meio que congelada. *Entendeu, Rosinha?* ouvi o Percy me perguntar, junto à lousa, olhando pra mim. Rosa?... perguntou a doutora rindo e pegando a xícara de café... você está aí?

Ai, doutora, desculpe... disse eu arregalando os olhos... a senhora tem razão... muito difícil controlar nossos pensamentos. Estava com a cabeça tão longe...

Pois então, Rosa... concentração é um dos grandes benefícios da meditação. Ela vai ajudar a você, primeiramente, a se conhecer melhor. Porque a meditação nada mais é do que pegar uma lupa potente e observar bem de perto os padrões de comportamento que acontecem dentro de você.

Lupa?... pensei mas não falei, mas para mim parece nome de doença. "Fulana de tal morreu de lupa... foi horrível! Começou no pescoço e... ai meu Deus, concentração Rosa, concentração...

Lupa é uma lente de aumento né doutora?... perguntei procurando mostrar concentração. Exatamente, querida... respondeu ela... mas é apenas uma comparação de como a meditação vai ajudar você a se conhecer melhor e a desenvolver equilíbrio, disciplina e foco. Além disso, ajuda você a dormir melhor e a relaxar mais profundamente.

Entendi, doutora... disse eu tomando café... mas como meditar? Como fazer? Tenho de ter algum equipamento especial como um tapetinho por exemplo? Incenso? Outra pergunta: corro o risco de algum problema de saúde? Será que...

Não, Rosa... cortou ela apaziguando minha ansiedade e pegando um biscoitinho... pra meditar você não precisa de nada. Só de você! Também não há contraindicação, independentemente de idade ou estilo de vida. O que você tem de fazer é se desconectar de tudo e iniciar uma rotina de meditação. Para isso serão necessárias persistência e paciência... até que a prática leve ao hábito. Até aqui tudo bem, Rosa? Alguma dúvida?

Não, doutora... respondi também pegando um biscoito *(ainda bem que a Nair não aceitou nenhum. O pote estava cheio!)* Quanto à persistência eu até garanto... mas quanto à paciência, sei não! Sou muito impaciente , doutora!

Rosa, querida... persistência e paciência são fundamentais na meditação. Vamos falar um pouco de cada um, separadamente, ok? Vamos lá...

Persistência

Eu sempre comparo o ato de meditar com o ato de frequentar uma academia, ou seja, esta exige treino e esforço, mas não é impossível. A meditação também exige treino e esforço... talvez os primeiros dias, com esses novos hábitos na sua rotina, sejam difíceis. Mas o tempo é seu amigo, Rosa!

Como disse Max Weber, o grande intelectual alemão e fundador da Sociologia: *O homem não teria alcançado o possível se, repetidas vezes, não tivesse tentado o impossível.* Confúcio, o grande filósofo chinês também disse algo sobre persistência. Eu acho o máximo! Ouça... *Transportai um punhado de terra todos os dias e fareis uma montanha!* Não é lindo, Rosa?

Gostei mais da frase do alemão, doutora... disse eu... me parece mais "pé no chão"! Já a frase do chinês... sei lá... levar um punhadinho de terra cada vez? Ora, contrata uma pá escavadeira... gasta menos tempo! Não é? Ah! Ah! Ah! Ai Rosa... disse ela dando uma gargalhada... essa frase é apenas simbólica para explicar a persistência!

Olha doutora... falei, feliz por ver a doutora Norma rir... dos chineses o que eu gosto mesmo é do yakisoba e do frango xadrez! Isso em dia de pagamento, claro! Está certo, Rosa... disse ela ainda rindo... mas vamos falar sobre paciência! Ok? Veja:

Paciência

Olha... mesmo que pareça contraditório, pessoas que começam a meditar não estão isentas de perder a paciência. É comum querer sentir os benefícios logo nos primeiros segundos, o que, claro, não acontece. Por isso é importante evitar julgamentos e aproveitar o momento, rir de si e aprender a se escutar.

Entendi... peguei mais um biscoito e provoquei... não tem alguma frase pra falar de paciência, doutora? Tem sim, Rosa... disse ela... você já ouviu falar do brasileiro Amyr Klink? Eu me lembro de ele ter dito algo assim: ... *é bom chegar quando se tem paciência. Para se chegar, aonde quer que seja, aprendi que não é preciso dominar força, mas a razão... é preciso, antes de mais nada, querer!*

Brasileiro? Com esse nome?... perguntei por perguntar, já que isso não era importante para a conversa... mas a doutora respondeu prontamente: brasileiro sim, Rosa e de São Paulo e, na minha opinião, ele é um grande exemplo de paciência, de persistência, de determinação, de disciplina, de foco etc.

Caramba, doutora... perguntei... o que ele faz, crochê? Ah! Ah! Ah! Não Rosa... riu ela... o que ele fez foi algo absolutamente incrível... ele foi o único neste planeta a atravessar o oceano Atlântico num barco a remo, da cidade de Lüderitz, na costa da Namíbia, até a cidade de Salvador, na Bahia. A paciência, realmente, foi o seu principal instrumento pois, num barquinho de menos de 6 metros de comprimento e um metro e meio de largura, ele remou durante cem dias (8 horas por dia) o equivalente a quase 7 mil quilômetros. Um feito sem precedentes, Rosa, um exemplo dos mais eloquentes de paciência e persistência!

Nossa, doutora, impressionante... disse eu... vou até comer mais um biscoitinho. Quer mais café? ... perguntei me levantando e dizendo... realmente, sem paciência e persistência ele não teria conseguido isso, não é?

Você tem razão, Rosa... disse ela... só meia xícara, por favor! A gente fugiu um pouco do tema meditação, mas era importante falar sobre persistência e paciência, fundamentais para uma boa meditação. Vamos continuar?

Vamos sim... respondi voltando para minha poltrona... pode continuar, doutora. Ela repôs a xícara na mesinha, juntou as mãos e recomeçou.

O objetivo da meditação, Rosa, é promover uma integração da mente e do coração do praticante. Não é uma prática complicada ou essencialmente difícil. Na verdade é uma atividade estritamente mental. Embora isso seja verdade, também não é suficiente para definir o que é uma meditação. Veja... distração também é uma atividade estritamente mental e às vezes usamos o corpo para essa prática.

Doutora... comecei perguntando e cruzando as pernas... a meditação acalma os pensamentos? Olha Rosa... respondeu... a meditação não tem nada que ver com acalmar pensamentos e muito menos eliminá-los, como muita gente insiste em achar. Na verdade, a meditação ajuda a organizar os pensamentos, colocando-os em ordem, foco e ajudando a trazer clareza entre eles. É assim que você adquire melhores respostas a algum questionamento.

Sabe o que eu gostaria, doutora... interrompi... de uma receita passo-a-passo de como meditar. Posso fazer sozinha sem alguém para me orientar? Claro que pode, Rosa... disse ela... aliás há uma série de aplicativos que auxiliam na meditação, há vídeos na internet... mas vou lhe dar algumas dicas agora.

Reserve um momento pra você

Ao longo do dia, reserve um momento pra você se desligar de tudo e se conectar com você mesma. Isso é muito importante! Pode ser de manhã, depois de acordar e tomar café; pode ser no meio do dia; ou antes de se deitar. O ideal é um período de 10 a 15 minutos para começar a ter pequenos benefícios, principalmente em relação à respiração... nos primeiros 5 minutos você já vai sentir uma sensação de tranquilidade.

Encontre um local calmo

Tem de ser um lugar onde você possa se sentar com tranquilidade, como uma sala, um jardim, um sofá ou, até mesmo, a sua cadeira aqui no consultório.

Escolha uma postura confortável

Rosa... esqueça aquela postura que a gente vê por aí... da pessoa sentada em posição de lótus. Aliás, para essa posição é preciso algum treinamento e, para quem está começando, pode ser muito desconfortável. Pra você é melhor meditar sentada. Quer ver? Pegue aquela cadeira e sente-se.

Não pode ser aqui na poltrona?... perguntei com um risinho besta... está tão bom aqui! Pode sim... respondeu ela... mas este é um momento didático e há sempre mais disponibilidade de uma cadeira do que de uma poltrona, certo?

Certo, doutora... disse me levantando e sentando na cadeira.

Não é preciso fazer agora, mas antes de sentar e meditar, é bom fazer alguns alongamentos, ok? Sinta que seus pés estão firmes no chão. Agora coloque as mãos sobre as pernas... isso! Mantenha o queixo levemente levantado. Você está meio curvada, Rosa... cuide para que sua coluna fique sempre reta, sem forçar. O importante é que você consiga uma postura que lhe permita ficar relaxada e, ao mesmo tempo, acordada e atenta.

Atenção à respiração

Outra coisa importante, Rosa, é a sua respiração. Você tem de dar atenção especial à sua respiração, utilizando os pulmões completamente. Você deve inspirar profundamente, puxando o ar de modo a inflar a barriga e o tórax. Depois expirar lentamente e de modo prazeroso.

Expirar é soltar o ar, né?... perguntei. A doutora meio que riu sem abrir a boca, certamente na dúvida se eu estava falando sério ou fazendo piada.

Controlar a respiração, Rosa, pode não ser fácil no começo, mas é importante que seja confortável e sem forçar. Uma dica legal é você contar, mentalmente, até 4 na inspiração e depois fazer a mesma coisa na expiração.

Fiz o que ela mandou e... nossa, doutora, fiquei meio tonta! Claro, Rosa, você inspirou e expirou muito rapidamente. Isso tem de ser feito lentamente, de modo que seja agradável e não uma experiência ruim. Está ansiosa, pensando em alguma coisa? Ou em alguém? *(ela fez uma expressão marota)*.

Meu Deus... pensei... será que eu entreguei a rapadura? Mas eu não falei nada pra ela do Percy... claro que eu estava pensando nele! Mas será que ela escuta pensamentos? Que eu saiba ela é psicanalista e não uma mentalista. Eu, hein?

Pensando em alguém?... perguntei me fazendo de sonsa... imagina, doutora! No momento não quero sarna pra me coçar! Eu não, credo! Ela então, delicadamente, pegou um biscoitinho e sentou-se na poltrona. Levou o biscoito à boca, mas não mordeu. Só o encostou de leve nos lábios e, com um sorrisinho meio besta e um olhar oblíquo, me perguntou: Como é o seu professor de Português? Percy, não é?

Jesus, Maria, José e todo o apostolado... a doutora é uma bruxa! Senti-me como se tivessem enfiado a mão na minha boca, puxado o meu intestino e enrolado em meu pescoço. Co...como a se... senhora sabe, doutora?... perguntei toda desconcertada.

Rosa, querida... disse mordendo o biscoito... quando você estava com a Nair lá fora, fiquei folheando seu módulo de Português. Peguei assim... por pegar... gosto dessa matéria! Aí eu vi que você escreveu na contracapa o nome Percy, em letras caprichosamente redondinhas e enfeitadas com muitos coraçõezinhos. Pensei comigo: Eita... que a Rosa está arrastando a asa por alguém! Está ou não está?... perguntou ela com um olhar agudo, penetrante e um sorriso acolhedor de lábios selados.

Es... estou sim, doutora!... respondi meio sem graça... quer dizer, acho que estou! Não é nada sério... ele nem sabe que eu existo naquela classe, nem me dá nenhuma atenção especial. É apenas coisa da minha cabeça! Não se preocupe!

Preocupada eu???... exclamou ela rindo... Olha, Rosa... vou lhe dizer a mesma coisa que você falou pra Nair. Porque ela me falou da conversa de vocês e que você disse a ela, acertadamente, pra ela privilegiar o cérebro e não dar bola ao coração! Pois faça isso você também, Rosa! E a meditação pode lhe ajudar bastante... porque com ela você será a protagonista dos seus pensamentos e não coadjuvante, entendeu? Não precisa ficar acanhada...

somos mulheres e devemos nos ajudar. Confie em mim, ok? Vamos retomar nossa conversa sobre meditação? Vamos, sim doutora... respondi já mais confiante... vamos ao que interessa!

Nesse momento senti que o Percy estava bem menor na minha cabeça. Melhor assim, pensei. Muito bem, Rosa... recomeçou ela... ainda ficou faltando mais uma dica pra você que vai começar a praticar meditação.

Foco e concentração

Quando falamos em meditação tradicional, estamos falando em encontrar um foco pra manter a atenção. Geralmente podemos usar um mantra, que pode ser qualquer som, uma sílaba, palavra ou uma frase, que deve ser repetida várias vezes para exercer um poder específico sobre sua mente e que vai ajudar você na concentração para a meditação.

Quando ela falou "mantra", imediatamente veio à tona a minha vontade fazer trocadilhos. Pensei, mas não falei: *Mantra quem pode, obedrece quem tem juízo!* Hummm... nada mal! Nota dez em trocadilhos, mas em concentração e foco... zero! Doutora... então mantra pode ser uma frase?... perguntei, tentando recuperar a concentração...

Claro que pode, Rosa... você já teria alguma? Sim... respondi... eu me lembro de quando era menina, meu pai todas as manhãs ouvia um cara dizer no rádio: *Todos os dias, sob todos os pontos de vista, vou cada vez melhor!*

Passei minha infância ouvindo isso. Acho que essa frase "Vou cada vez melhor" é um bom mantra. O que a senhora acha?

Ora, eu acho muito bom! Aliás, Rosa, as palavras têm poder! Tanto que os mantras são entoados há milênios... mais do que a repetição de palavras, as vibrações produzidas pelos mantras liberam endorfina, alinhando nossos pensamentos, aumentando nosso foco e não permitindo à nossa mente pensar em várias coisas ao mesmo tempo. Esse é o que nós chamamos de método auditivo!

Mas há também o método visual!... continuou ela... De modo geral, contemplar é, digamos, olhar com admiração e também mais atenção. Numa galeria de arte, por exemplo, ao olharmos um quadro que nos chamou a atenção, na verdade estamos mais que olhando simplesmente... estamos admirando. Nesse momento toda a nossa mente está voltada para a beleza daquela obra.

Mas doutora... comecei perguntando... além de uma obra de arte, pode ser outra coisa, né? É tão difícil ir a uma galeria... aliás nem sei onde tem! Não, não, Rosa... corrigiu ela... obra de arte foi só um exemplo. Pode também ser uma bela paisagem, o movimento das águas de um rio, das ondas do mar... essa prática de meditação visual faz com que você se integre àquilo que está sendo contemplado. Você se torna esse objeto e esse objeto se torna você. Quando você consegue chegar a essa "mistura", significa que você alcançou seu objetivo de acalmar e organizar seus pensamentos.

Doutora... perguntei... no começo deve ser difícil ficar com a mente voltada somente para aquilo que estamos contemplando, não é? Bem, Rosa... é muito comum que surjam diversos pensamentos durante a meditação. Nesse caso não se deve "brigar" com eles. Apenas deixe-os virem e depois partirem. Com o tempo e com a prática, fica mais fácil não se prender aos pensamentos.

Entendeu até aqui, Rosa?... perguntou a doutora me oferecendo um biscoito. Eu, como nunca enjeito nada, aceitei, claro! Doutora... voltei a perguntar... qual o maior benefício da meditação?

Nossa, Rosa... respondeu... são tantos. São inúmeros benefícios para a saúde, por isso tem sido cada vez mais praticada. Isso, com a grande vantagem de você praticar a maior parte dos exercícios em qualquer lugar e em qualquer momento, sem a necessidade de investir em aparelhos.

Ainda bem, doutora... brinquei... no momento não tenho grana nem pra comprar um band-aid! Ah! Ah! Ah! Ai, Rosa... disse ela rindo muito... quase engasguei com o café. Mas vamos aos benefícios da meditação. Eu já falei de alguns, mas vamos aos principais. Veja:

☒ Relaxa a mente

☒ Restaura a saúde

☒ Ajuda na concentração

☒ Reduz a ansiedade

☒ Diminui o estresse e a irritabilidade

☒ Aumenta a criatividade

☒ Melhora a memorização

☒ Aumenta a produtividade

☒ Regula as mudanças de humor

☒ Regula o padrão do sono

Está bom ou quer mais?... perguntou a doutora rindo... mas há mais benefícios, Rosa, que resultam de uma boa meditação mas também há alguns desafios.

Desafios?... perguntei abismada... como assim desafios? Bem, Rosa... respondeu ela... a meditação pode ser praticada pela maioria das pessoas, mas ela pode ser um desafio para outras. Pessoas que tenham, por exemplo, Transtorno do Déficit de Atenção vão ter a concentração extremamente prejudicada. Isso porque esse transtorno bloqueia a capacidade da pessoa de se concentrar.

Esse negócio é uma doença, doutora?... perguntei... Sim, querida, é uma doença crônica... a pessoa tem dificuldade de atenção, hiperatividade e impulsividade. A gente chama essa doença de TDAH, ou seja, Transtorno do Déficit de Atenção e Hiperatividade, que pode começar na infância e se prolongar na vida adulta.

Então, doutora... *(mais um biscoitinho)*... a pessoa que tem isso... sofre o quê? Bem, Rosa... disse ela... a pessoa tem baixa estima, relacionamentos problemáticos e dificuldade pra estudar ou trabalhar. Mas não se preocupe... você não tem nada disso!... completou ela sorrindo.

Ainda bem, doutora... exclamei... se bem que tenho dificuldade em algumas matérias. Não consigo prestar atenção, me concentrar quando se trata Matemática, Física, Química... mas vou bem em História, Geografia e... Português!

Principalmente em português, né Rosa?... brincou ela... nessa matéria a atenção e a concentração é total, não é mesmo? É verdade... respondi meio que corando... mas tem diferença entre atenção e concentração?

Tem sim... disse ela... concentração é a capacidade de manter o foco naquilo que você está fazendo. Já na atenção você percebe os detalhes e nuances do que está sendo feito. Nas aulas de Português, por exemplo, você se concentra na matéria, enquanto o tal de Percy vai expondo as lições na lousa. E, provavelmente, você deve prestar uma atenção danada no jeito dele se vestir, de falar... etc.

Não falei?... pensei comigo... essa doutora é uma bruxa. Só pode!

 E então, Rosa... perguntou ela cortando meus pensamentos... quando você vai começar a meditar? Não me venha com essa história de "segunda" eu começo! Já conheço essa história!

Ah! Ah! Ah!... dei uma gargalhada... a senhora é terrível! Eu, hein?

Eu falo isso, Rosa... disse ela se explicando... porque os iniciantes em meditação sempre têm desculpas que os impedem de dar o primeiro passo, tipo: falta de tempo, mente muito agitada, desconforto físico, tédio, sono... essas pessoas sempre querem resultados imediatos, que nem sempre acontecem.

Na minha opinião, Rosa... continuou ela... há dois grandes obstáculos para quem está iniciando: o entorpecimento e a sonolência. No entorpecimento, a mente está lenta e pesada e, se você não reage a isso, o entorpecimento causa uma sensação de um sono completo. Já a sonolência é quando sentimos sono durante o dia ou temos os sonos prolongados durante a noite.

Doutora... interrompi... eu sinto muita sonolência quando leio muito ou quando estou no metrô ou em ônibus.

Nossa... eu dou umas cochiladas que alguém sempre vem me acordar quando é pra descer.

É que quando se cochila, Rosa... não se dorme, mas perde-se a atenção e, com isso, perdem-se os meios de despertar. Mas vou lhe dar uma dica para não se deixar entorpecer ou cochilar quando isso não pode acontecer. É o exercício com a vela no escuro... apague as luzes do quarto ou da sala e acenda uma vela e fique vendo as sombras que se formam na parede. Não precisa ver tudo... apenas aquelas que você consegue decifrar.

O importante não é ver tudo, mas ver o que é essencial. Assim, a concentração deve ser o descanso de todas as ações secundárias, para conseguir a paz que permite alcançar durante a prática. É um ótimo exercício pra se fazer de vez em quando!

Bem, Rosa... era isso que eu queria lhe falar sobre meditação! Gostou?

Antes de responder, suspirei e olhei pra ela com cara de alma pedindo reza. Estava cansada e preocupada... pelo horário, já havia perdido a primeira aula. O que foi ótimo, já que a primeira aula era com o Sr. Cabeça-de-Batata. Mas a segunda aula, não queria perder de jeito nenhum... falei isso pra ela e ela deu um sorrisinho maroto.

Está bem, Rosa... só pra fechar, quero que você se lembre dos três importantes pilares da meditação: primeiro, a **respiração**... qualquer prática de meditação envolve ter absoluta consciência da respiração. Segundo, **concentração**... escolha o objeto da meditação, algo pra focar e se concentrar. Terceiro e último, o **autoconhecimento**, meditar também é se auto-observar, olhar para dentro. Ok, Rosa? Agora vá pra você não perder aula...

Ai, doutora, obrigada... disse me levantando... o dia hoje foi ótimo.

Sim... disse ela dando uma piscada... e a noite também vai ser. Lembranças ao Percy... completou ela rindo.

Ah, doutora... exclamei... essa história ainda vai render muita meditação!

Espero que sim... disse ela pegando o porte de biscoitos... leve uns biscoitinhos.

Fiz como a Nair... peguei um punhado e saí a mil por hora! A doutora ficou rindo!

Capítulo 9

Então... esses dias estava pensando na Nair e em sua mudança radical. Confesso que senti um pouco de inveja... uma inveja saudável, claro! Não só pelo fato de ela estar mais bonita, mais atraente... (embora ainda esteja um pouco acima do peso). Mas, principalmente, por ter se tornado uma mulher resolvida, determinada e que é dona do próprio nariz.

Bem, na verdade minha "inveja" é meio sem sentido. Eu também me acho resolvida, determinada e sou dona do meu próprio nariz. Mas, sei lá, sinto falta de alguma coisa. Também acho que sou muito suspeita pra dizer que... sim, sou bonita e atraente. Mas acho que sou sim... porque às vezes, lá na escola, eu sinto os caras me lançando olhares. Está certo que é aquele tipo de olhar, igual a de alguém em restaurante self-service, passando pelas comidas e pensando: *pego ou não pego... como ou não como!* E, se está com muita fome, pega e come qualquer coisa!

Ah, mas quanto a isso eu sou dura na queda... fulano que vier com conversa mole pro meu lado eu já dou um "chega pra lá" na hora! Meu desastroso casamento me deixou meio ressabiada quanto aos homens. Agora eu sou igual a cachorro picado de cobra... fica esperto até quando encontra uma linguiça.

Na classe eu tenho a fama de *fresca*. A rapaziada já sabe que comigo não tem essa de, como se diz... "chegar junto"! Mas não sou do tipo antipática. Trato bem a todos, respondo com educação quando me perguntam alguma coisa, às vezes solto alguma piada durante alguma aula que até provoca risos mas é só. Nunca deixo a menor impressão de que "estou disponível".

A única pessoa com quem eu tenho um pouco mais de conversa é o Alaor, solteirão e que arrasta uma asa enorme pela Pituca, professora de Ciências. Gente boa ele... alto sem barriga, olhos castanhos, cabelos aloirados meio cacheados, sorriso aberto e franco e ri muito com as minhas piadas. A gente se dá muito bem! Quando eu o conheci, nos primeiros dias de aula, o cara me chamou atenção. Eu cheguei a lançar pra ele o meu olhar 42, que pressupõe curiosidade e alguma especulação sexual.

Mas, quando conversamos a primeira vez, descobri um problema sério no Alaor, que me fez "puxar o freio de mão" na hora: mau hálito! Isso foi logo no primeiro dia de aula depois de sentarmos em nossas carteiras, uma próxima da outra. Ele se virou para mim e perguntou se, como ele, eu também estava voltando a estudar. A minha vontade, na hora, foi a de perguntar o que ele havia comido antes de vir para a escola... um sanduíche de corvo? Mas fiquei na minha e, discretamente, olhei para frente, saindo da mira do bafo. Não me lembro o que respondi... só sei dizer que hoje em dia, quando conversamos, eu meio que disfarço, viro de lado etc. O problema é que não dá pra chegar no cara e falar desse problema. Tipo: "Escuta... daria pra chupar uma balinha de hortelã?" ou então... "Desculpe... deixei feijão no fogo. Vai falando aí que eu já volto!". Não dá... eu não consigo! É muito constrangedor!

Outra coisa... ele se veste muito mal! Qualquer dia aquela calça jeans dele vai vir sozinha para a escola. É tão ensebada que, certamente, ele não a coloca no guarda-roupa. Acho que ele a deixa em pé num canto. Na hora de usar ele não a veste... ele pula dentro! Outro dia ele veio com uma camiseta toda cheia de furinhos. Tive a impressão de que, ao vir para a escola, ele cortou caminho pela faixa de Gaza, justamente na hora em que estavam dando rajadas de metralhadora e ele estava na mira.

Enfim... o Alaor é só amizade mesmo e, ainda assim, à distância! Mesmo porque, ultimamente, quem tem me tirado do prumo é ele, Percy, professor de português... nem alto, nem baixo, olhos castanhos, cabelos ligeiramente acastanhados com alguma coisa de grisalho (acho que ele faz luzes). Tem uma pele clara e limpa e um nariz insinuante e eu fico me perguntando o que seria um nariz insinuante? Sei lá... mas é um nariz que intimida. A barba está sempre por fazer, o que lhe dá um certo charme de, digamos, esculachado chique. Tem mãos grandes, que empunham o pincel atômico na lousa com vigor... até a letra dele me impressiona.

Enfim, nas aulas dele eu fico viajando entre pronomes, advérbios, conjunções... e, ao mesmo tempo, vou me deixando levar pelo tom de sua voz, pelo seu caminhar pela sala explicando a matéria. Quando passa pela minha carteira, ele deixa um rastro quase imperceptível de um perfume delicioso. Acho até que ele nasceu com esse cheiro... como o pomo de Adão, que já nasce com a gente. Se ao menos ele reparasse em mim... só um pouquinho. Aí vêm as perguntas: será que é casado, noivo?

Bem, ele não tem aliança... se bem que hoje em dia isso não quer dizer nada. Talvez ele tenha alguma amizade colorida, que é uma amizade com vantagens. Sei lá... só sei dizer que eu, droga, estou completamente apaixonada por ele dos pés à cabeça...

Esses dias eu comentei com a doutora essa minha paixonite aguda. Ela me falou qualquer coisa sobre inteligência emocional, que eu já ouvi falar mas não sei bem do que se trata. Penso que seja algo sobre usar as emoções com inteligência... sei lá acho que é isso. Será?

Seu pensamento está na direção certa, Rosa... disse-me ela dando um gole no seu cafezinho. O último cliente do dia já tinha ido embora e estávamos em sua sala conversando. Rosa... disse ela, colocando a xícara de volta ao pires... até parece que você está me contando uma novidade. Você acha que eu não percebi seu olhar ficar brilhante quando você me falou sobre esse professor de português... Percy, não é?

Isso mesmo, doutora... respondi meio sem graça e um pouco envergonhada. Quer dizer, uma vergonha meio sem sentido, porque a doutora Norma exala confiança e é só com ela que eu poderia me abrir. Falei tudo que estava sentindo. O quanto o Percy estava mexendo com a minha cabeça, me transtornando, me enchendo de sonhos etc etc. Perguntei o quanto essa tal de inteligência emocional poderia me ajudar.

Rosa... começou ela... antes de falarmos sobre o Percy, vamos conversar sobre inteligência emocional, que é um dos fatores principais para se lidar com problemas de, como você diz, paixonite aguda!

A inteligência emocional, Rosa, é algo que está bastante em evidência atualmente. Não sei se você já ouviu algo a respeito, mas, certamente, você não sabe o quanto a inteligência emocional pode repercutir em seus objetivos... sejam eles pessoais ou profissionais.

No momento... pensei mas não falei... meus objetivos são mais emocionais.

Para começar a entender esse assunto, Rosa... continuou ela... vou recorrer a um exemplo clássico sobre o que acontece quando falta a inteligência emocional. Veja... muitas pessoas são contratadas por uma empresa por causa de suas habilidades técnicas. Mas muitas vezes são demitidas por causa do seu comportamento.

Isso acontece mesmo, doutora? perguntei. Quero dizer, não importa se a pessoa seja uma fera no que ela faz, mas toma a conta na cara por mau comportamento?

Exatamente, Rosa... e isso tem sido o critério das grandes organizações ao longo das últimas décadas. Veja... cada vez mais os aspectos técnicos vêm passando pelos mais incríveis avanços tecnológicos, como a inteligência artificial por exemplo. Mas, por outro lado, aumentou-se também a exigência de habilidades comportamentais, ou seja, não basta ser um tremendo técnico ao lidar com as máquinas. A pessoa também tem de ser hábil ao lidar com pessoas. Ter jogo de cintura para resolver situações complexas que surgem entre seus subordinados e também, claro, entre seus superiores.

Entendi, doutora... interrompi... numa empresa não ocorrem defeitos ou problemas somente com as máquinas, não é? Com as pessoas também podem acontecer problemas...

Isso mesmo, Rosa... respondeu ela... é nessa hora que entra a inteligência emocional de uma pessoa que tenha aptidão para lidar com as mais variadas situações de conflito entre os funcionários, lidar com as emoções e situações desafiadoras do dia a dia.

Puxa, doutora... disse eu... quer dizer que inteligência emocional acaba não tendo nada que ver com a capacidade técnica mas, sim, com a capacidade de lidar com... com... está me faltando a palavra...

... com as relações sociais, Rosa, sociais e pessoais diante das circunstâncias. Ah, sim, doutora... era exatamente isso que eu ia dizer... menti descaradamente. Ela deu uma gargalhada. Tudo bem, Rosa... disse pegando a xícara... eu sei que você entendeu!

Doutora... perguntei... inteligência emocional já nasce com a pessoa? Porque eu, sinceramente...

Bem, Rosa... até pouco tempo essa era uma dúvida entre os estudiosos. Mas hoje sabemos que não. A inteligência emocional não só pode como deve ser desenvolvida por cada pessoa, não importando seu nível cultural, poder aquisitivo, orientação religiosa... enfim, qualquer um pode ser emocionalmente inteligente desde que, claro, se dedique a isso.

Uau, doutora, quer dizer que eu também posso ser emocionalmente inteligente? Já pensou? A senhora não acha que eu até poderia conquistar o Percy?

Bem Rosa... disse ela com um ar condescendente... se ele vai se apaixonar por você é outra história. Porque o terreno do amor é muito pantanoso e nunca sabemos quando vamos pisar em terra firme ou quando vamos afundar. Mas certamente você vai se destacar nas suas relações na classe... e, quem sabe, ele comece a reparar em você.

Entendi... disse eu baixando a cabeça. A resposta da doutora foi meio que um balde de água fria. Ela percebeu minha decepção e me ofereceu um café, dizendo: Rosa, querida... qualquer relação, seja no começo, no meio ou no fim, pode ser algo desafiador e complicado. Incluindo aí as relações de amizade entre você e o pessoal da sua classe. Mas, no caso da sua paixão pelo seu professor, estamos falando de amor. Olha... essa palavrinha, amor, de apenas quatro letras representa uma espécie de motor do ser humano. Mas também, sabemos, é um sentimento que pode causar muita dor de cabeça. Eu me lembro de uma música sertaneja que fez muito sucesso... como era mesmo, Rosa? Dizia algo assim... (e ela cantarolou) *É o amoooor...* como era, Rosa? Você se lembra?

Claro que eu me lembrei na hora (bendito Percy!). Olhei pra ela, tirei um pigarrinho (bendito cigarro) e cantei: *É o amor... que mexe com a minha cabeça e me deixa assim! Que faz eu pensar em você e esquecer de mim...!*

Ah! Ah! Ah! Rosa... essa mesmo! Ei! Até que você canta bem... brincou ela. Imagina, doutora... respondi... a última vez que fui a um karaokê, me meti a besta a cantar uma música que exigia uns agudos bem altos... nossa que vergonha! O pessoal não sabia se tinha alguém cantando ou se estavam sangrando um javali... eu, hein? Nunca mais!

Ela deu uma bela gargalhada! Ai, Rosa... só você pra me fazer rir! Olha... você prestou atenção a um detalhe nesse trecho de letra? Como é mesmo? "Que faz eu pensar em você e esquecer de mim...". É isso mesmo... concordei. Pois então... disse ela... não esquecer de você é um dos principais fatores que podem contribuir para que você não faça de sua paixão um tsunami de emoções. Mas veja... tão importante quanto não se esquecer de você é você se conhecer bem e aprender a gerenciar bem suas próprias emoções.

Fiz uma expressão de quem está confusa. Tudo isso era muito novo pra mim. A doutora percebeu no ato. Rosa... disse ela... parece complicado, mas não é.

Mas doutora... perguntei... afinal, o que é gerenciar emoções?

Rosa... disse ela se servindo de mais café... gerenciar emoções nada mais é do que a capacidade que algumas pessoas têm de compreender melhor seus sentimentos e emoções. Assim elas conseguem agir de forma mais calculada e razoável, sem se deixar levar por impulsos e pensamentos ou influências negativas. Entendeu?

Tendi... mas doutora, sentimentos e emoções não são farinha do mesmo saco? Não, querida... disse ela rindo e quase se engasgando com o café por causa da sinceridade coloquial da minha pergunta.

Na verdade, Rosa... respondeu colocando novamente a xícara no pires... são de sacos diferentes! Ah! Ah! Ah!

Desta vez fui eu quem riu... mas qual a diferença entre sentimento e emoção, doutora?

Veja bem... respondeu ela... os sentimentos pertencem à própria pessoa e só ela e apenas ela sabe deles. Já as emoções podem ser observadas pelos outros. Veja... as emoções são uma reação aos estímulos que você recebe como assistir a um filme que lhe impressione, por exemplo. Ou, de repente, ver o professor Percy entrar na sala de aula... (ela deu um sorrisinho). Já os sentimentos são independentes.

Ao falar no Percy, ela não percebeu meu coração bater forte, como se estivesse numa roda de pagode. Na verdade, Rosa... continuou ela... são as emoções que dão origem aos sentimentos. Como eu disse, as emoções são uma reação instintiva, uma resposta aos estímulos externos como o choro e o riso. Já os sentimentos, de modo geral, apenas refletem como a gente se sente frente a uma emoção.

Quer uma bolachinha, doutora? Interrompi me servindo de uma e mais um cafezinho... já estamos falando de inteligência emocional? Bem, Rosa... disse ela pegando a bolacha... tudo que eu lhe falei até agora é apenas o básico no que diz respeito à inteligência emocional. Digamos... um bate-bola inicial!

Comemos a bolachinha com café e ela olhou o relógio dizendo... Nossa, já vai dar 6 horas! Essa bolachinha me abriu o apetite! Você tem aulas importantes hoje? Na verdade não, doutora... respondi estranhando a pergunta... porque depois das duas primeiras aulas, Geografia e Física, vai ter uma palestra sobre as redes sociais e a educação. Importante, mas uma chatice! Mas porque a senhora está perguntando?

Rosa... disse ela se levantando... tive uma ideia! Hoje é sexta-feira, amanhã não trabalhamos, você tem apenas duas aulas e nenhuma delas é do Percy, certo? Certo... respondi franzindo a testa... mas por que a senhora pergunta? Insisti. Rosa... confessou ela... eu ficaria conversando com você até as tantas, mas é que me deu fome e eu gostaria de ir pra casa jantar. Então pensei... porque não a convidar pra ir pra casa comigo. O que você acha? Enquanto eu preparo um jantar pra nós a gente continua nossa conversa sobre inteligência emocional. Podemos até mesmo, quem sabe, pedir comida chinesa. Você gosta?

Nossa, doutora... sou capaz de trocar um rim por um frango xadrez, mas estou mais dura que um rolinho primavera amanhecido. Não, Rosa... disse ela pegando o casaco e a bolsa... não se preocupe! Hoje você e minha convidada!

Puxa, vai ser um prazer... disse eu aceitando o convite na maior cara-de-pau. Até porque em casa teria de fazer o bom e velho miojo de frango caipira. Só disse estar preocupada com a hora de ir para casa. Mas ela me tranquilizou dizendo que depois me levaria de carro até uma estação do metrô. Perfeito! Foi só pegarmos nossas coisas, fechar o consultório e lá fomos nós.

****

A primeira coisa que me chamou a atenção na casa da doutora Norma foi a elegância. Uma casa térrea com uma fachada ampla com um pequeno jardim e estacionamento na frente. Linda casa! Já ouvi falar que uma casa e a decoração interna dizem muito sobre quem lá mora.

Pode entrar, Rosa, fique à vontade... disse ela colocando as chaves num aparador... Só vou ao meu quarto pendurar esta blusa e colocar um chinelo. Sinta-se em casa, viu?

Sentei no enorme sofá e olhei em volta, maravilhada! Logo na minha frente, um televisor de muitas polegadas. A sala, conjugada com a cozinha, de fato, tem a cara da doutora... tudo muito bonito, mas sem ostentação. Um balcão de mármore separa os dois ambientes e cria uma mistura inteligente de elegância e despojamento. Ao lado esquerdo do balcão, um biombo esconde o que eu acho seja uma modesta biblioteca. Por todo lado, sem exageros, bibelôs e enfeites; nas paredes, pequenos quadros com frases otimistas... tudo mostrando o lado místico da doutora.

Pronto, Rosa! disse ela voltando... aproveitei para tirar o uniforme de "doutora". Em casa, claro, fico mais à vontade com moletom e camiseta. Vamos ligar para o restaurante? perguntou ela pegando o celular... vamos ver, pra você um frango xadrez e para mim frango ao molho de gengibre. Vou pedir também uma porção de rolinhos primavera. Pra beber tem suco de laranja na geladeira.

Enquanto ela ligava, levantei e sentei-me numa das banquetas do balcão de mármore, onde provavelmente comeríamos, e continuei a observar a sala. Tudo arrumado com muito apuro e distinção. Ou seja, a cara da doutora!

Pronto, Rosa... disse ela... falaram que chega em meia hora. Vamos sentar aqui no sofá para conversarmos. Vem, Rosa... já falei, sinta-se em casa! Sentei-me, já realmente me sentindo à vontade. De repente a doutora olhou para um tubo comprido ao lado do televisor, dizendo: Alexa... toque músicas para reflexão e a tal Alexa falou algo que não entendi e aí começou a tocar uma música suave, deliciosa.

Você conhecia a Alexa, Rosa? perguntou ela, notando o meu ar de surpresa. Já tinha ouvido falar, doutora... respondi... mas nunca fomos apresentadas. Nossa que demais! Pois é, Rosa... disse ela sem ostentação... a Alexa é um dos resultados da inteligência artificial e para mim, que moro sozinha, é uma boa companheira e uma assistente virtual. Ela simplifica minha vida, respondendo a tudo que pergunto e peço, como horário, dia da semana, previsão do tempo, notícias, acender e apagar as luzes da sala... além, é claro, de reproduzir qualquer música que eu queira ouvir.

Incrível, doutora... disse eu já engatilhando uma piadinha... se eu pedir pra ela um pão com manteiga na chapa será que ela faz? Ou fazer o Percy se interessar por mim, será que ela dá um jeito? Ah! Ah! Ah!... fez a doutora dando risada... não Rosa, a Alexa é uma inteligência artificial e não uma chefe de cozinha, nem uma inteligência emocional.

Putz, nem tudo é perfeito... disse eu fazendo um muxoxo de descontentamento. Ela deu risada e disse que, com relação ao Percy, o que tiver de ser será e que eu não me preocupasse. Desse tempo ao tempo.

Enquanto isso, Rosa... continuou ela... procure se autoconhecer melhor, porque o primeiro passo para você desenvolver sua inteligência emocional é o autoconhecimento. Aliás, esse é um processo contínuo, que nunca acaba.

O tempo todo? perguntei, pensando seriamente não só no Percy, mas também no frango xadrez que estava pra chegar. A fome já estava ficando brava... porque meu intestino grosso já estava começando a comer o fino.

Sim, querida... ela respondeu... durante toda nossa vida a gente está evoluindo, crescendo espiritualmente. Aos poucos vamos ampliando nossa consciência e, com isso, vamos mudando com o passar do tempo. Isso, claro, exige um constante e contínuo processo de autoconhecimento.

Tendi... doutora, interrompi... mas o que realmente eu tenho de conhecer sobre mim mesma? Bem, Rosa... respondeu ela... no desenvolvimento da inteligência emocional é fundamental você aprender a reconhecer suas emoções e o que foi que causou essas emoções. Veja... cada pessoa tem uma diferente reação emocional quando algum gatilho é disparado, como uma boa ou má notícia, um filme impactante e etc.

Você Rosa... disse ela olhando-me nos olhos... como você reage quando sente uma emoção negativa muito forte? Ou, como você reage quando a emoção é positiva?

Ah, doutora... respondi... se for uma emoção negativa de raiva eu já solto um palavrão dos bem cabeludos. Mas se for de tristeza, às vezes não consigo segurar algumas lágrimas. Mas nas emoções positivas eu reajo com euforia e contentamento. Normal, né?

Sim, Rosa... todas essas emoções fazem parte do nosso cotidiano e por trás delas estão nossos pensamentos sobre as coisas que se ligaram a essas emoções. Vou lhe dar um exemplo... continuou ela... vamos supor que o Percy convide você pra jantar. É só uma hipótese, ok? Certo... uma hipótese! respondi, mas por dentro desejando ardentemente que um dia isso aconteça. Em segundos consegui me ver com ele num restaurante chique, luz de vela, tomando um drinque, daqueles com guarda-chuvinha, ele me olhando com aqueles olhos castanhos, parecendo até que ele vai me dizer...

... desculpe, mas hoje não posso mais... continuou a doutora com a hipótese dela... ele diz ao telefone pra você. Como você reagiria, Rosa? Como eu reagiria, doutora? Das duas uma: ou eu soltaria os cachorros em cima dele ou procuraria o primeiro viaduto que fosse bem alto. Iria morrer de ódio!

Pois então, Rosa *(risos)*... talvez a emoção que você vivencie seja de uma profunda frustração transformada em raiva. Afinal você pode ter criado expectativas, certo? Pode ser também que sinta insegurança por medo de, na verdade, ele ter desistido por não se interessar muito por você. Bem, doutora... interrompi... nesse caso espero que seja um viaduto bem alto.

Ela deu uma gargalhada, dizendo: só você mesmo, Rosa! Mas você percebe que as emoções, sejam positivas ou negativas, provocam racionalizações imediatas? No seu caso, em função da raiva descontrolada, você começou a pensar de forma disfuncional, ou seja, de modo irracional que pode levar a comportamentos prejudiciais. Eu não iria querer estar no lugar desse professor.

Acabei dando risada também. Mas doutora... perguntei... e se ele cancelou o jantar por causa de um imprevisto importante? Que eu só aceitaria em casos de fratura exposta ou luto em família. Ela teve de rir novamente. Olha Rosa... ponderou ela... um imprevisto, seja ele qual for, não significa necessariamente que essa pessoa não estivesse mais interessada em você. Mas vamos dizer que ele só diga que é um imprevisto importante mas não fale qual é. Acredito que a forte emoção da frustração, seguida de raiva, vai fazer você ter um comportamento irracional do mesmo jeito. Vai ter reações indesejadas que trarão consequências negativas.

Então o que fazer, doutora... perguntei meio aflita meio que vivendo aquela situação... é a pergunta de um milhão! Rosa, veja bem... explicou ela... quando você estiver sob a influência de uma forte emoção, negativa ou positiva, nunca tome uma atitude imediata. Pare, sente, relaxe, conte até dez e espere a emoção diminuir de intensidade. Os antigos sempre diziam que o tempo é o melhor remédio!

E depois, doutora?... perguntei. Ora, Rosa, agindo assim você terá tempo para pensar melhor sobre esse fatídico telefonema, vai clarificar seus pensamentos e, assim, vai tomar decisões acertadas. Ou seja, na primeira oportunidade vai encontrar o professor, que vai explicar melhor por que ele cancelou o jantar.

Nesse momento tocou a campainha. Por falar em jantar, deve ser a comida... disse ela... se levantando para atender à porta. Eba!!! pensei mas não falei, afinal eu também tenho algum pedigree. Fiz apenas uma suave expressão de quem já estava quase comendo a almofada do sofá da doutora.

Olha só que beleza, Rosa... disse ela sorrindo e caminhando rápido para o balcão, numa espécie de gula infantil. Gostei de ver esse momento que eu diria da Norma e não da doutora. Levantei do sofá e fui ajudá-la a arrumar o rango. Estava cheiroso! Ela me indicou uma gaveta num pequeno móvel para eu pegar duas pequenas toalhas de plástico de um jogo americano para apoio dos pratos, talheres e guardanapo.

Sentamos para comer e, confesso, há muito tempo não jantava com tanto prazer uma comida tão boa e gostosa e em tão boa companhia. Durante o jantar comentei com a doutora sobre a casa dela... tão limpa, tão em ordem, nada fora do lugar. Rosa... explicou ela... gosto de casa organizada. Aliás é um exercício pessoal que exige autoconhecimento. Bem, nesse aspecto eu me conheço muito e sei que uma casa bagunçada vai impactar minha saúde mental. Então sou muito atenta a isso... mas sem ser perfeccionista! Eu me patrulho muito, porque o perfeccionismo também traz sensações negativas.

Mas é a senhora mesma que manda ver na limpeza da casa? perguntei, embora não conseguisse ver a doutora de lenço na cabeça empunhando um esfregão ou pilotando um aspirador de pó. Rosa... respondeu ela... eu adoro fazer limpeza! Mas eu pago uma moça que, todas as sextas-feiras, vem fazer uma faxina mais profunda aqui em casa. Quer saber? Eu até ajudo ela... mais por prazer do que por necessidade. Olha Rosa... nada melhor do que uma boa faxina pra clarear a mente e a alma! Concorda? Como discordar dela?... pensei... Impossível!

Terminamos de jantar e ela se levantou dizendo que iria fazer um chá para nós. Chá Verde... disse-me ela... que ajuda a digestão. Os orientais sabem das coisas! Ah, Rosa... depois do chá, se quiser fumar, lá no meu jardim tem um banco. Sente lá e fume seu cigarrinho sossegada, enquanto eu dou um jeitinho nesta louça.

Não pensei duas vezes porque, depois do chazinho, a vontade de fumar veio como vem o aroma de um churrasco no nariz de um refugiado. A senhora não se incomoda mesmo, doutora?... perguntei. Claro que não, Rosa... respondeu ela... só não gosto que fumem dentro de casa. Tem até um cinzeiro lá, porque eu às vezes recebo amigos que fumam. Vai lá, Rosa... não se preocupe! Na volta a gente continua nossa conversa.

Depois do cigarro, voltei para dentro e tudo já estava impecável de novo. A doutora já estava no sofá terminando outra xícara de chá. Sentei-me e já fui engatilhando uma pergunta. Doutora... comecei... é possível a gente controlar nossas emoções? Quero dizer... frente a uma situação que vai me fazer bem ou mal, é possível eu evitar sentir as emoções que serão causadas por essa situação?

Boa pergunta, Rosa... disse ela colocando a xícara no pires... não, não é possível! Você não pode controlar suas emoções mas, sim, a sua reação a elas. Querer evitar uma emoção seria como querer parar as suas funções digestivas ou estancar a sua corrente sanguínea. É impossível!

Isso porque é da natureza do ser humano sentir emoções e não temos a opção de não sentir. Mesmo sendo uma emoção muito forte, você não consegue cancelá-la e, a seu bel-prazer, deixar de senti-la.

Como um carro sem freio ladeira abaixo... interrompi... tem de segurar no volante, chamar todos os santos, deixar bater e ver o que acontece.

Mais ou menos isso, Rosa... disse ela rindo... mas essa seria uma emoção negativa, certo? O mesmo acontece quando a emoção é positiva como, por exemplo, descobrir que o Percy andou falando bem de você na sala dos professores. Também não dá pra decidir não sentir essa emoção. Agora, quando essas emoções acontecem, a única coisa que você pode fazer, ou melhor, o único poder que você tem está na forma como você vai reagir a essas emoções. Como você reagiria, Rosa?

Sei lá, doutora... respondi... no caso do carro sem freio, acho que eu iria me arrebentar toda e nem estaria acordada pra sentir alguma emoção. Claro, depois de internada eu teria de reagir com resignação e paciência. Mas no caso do Percy falar bem de mim na sala dos professores eu reagiria... reagiria... sei lá, doutora, eu iria morrer de curiosidade. Falou o quê e pra quem?

Não importa, Rosa... disse ela... a primeira coisa a fazer é aceitar essa emoção. Isso mesmo! Resistir contra as emoções que nos assaltam só faz intensificar tudo e pior: não muda nada! Mesma coisa você varrer sua casa e empurrar o lixo para debaixo do tapete. A casa terá aparência de limpa, mas o lixo continuará lá, debaixo do tapete. Ou seja, as emoções, negativas ou positivas, continuarão pulsando dentro de você.

Tendi doutora... questionei... mas eu ainda não liguei uma coisa à outra. Emoções, inteligência emocional...

Rosa... disse ela... acho que eu lhe falei quando estávamos no meu consultório, que a inteligência emocional nada mais é do que saber gerenciar as emoções, você deve ter esquecido. Mas não importa! A inteligência emocional **é a capacidade de identificar e lidar com as emoções e sentimentos** pessoais e de outros indivíduos.

Ah, lembrei, doutora... interrompi... a senhora disse que na inteligência emocional é fundamental aprendermos a lidar com as emoções. Não é isso?

Isso mesmo, querida... exclamou ela satisfeita... por exemplo: uma pessoa que esteja triste e ansiosa por algum motivo. Mesmo estando com esses sentimentos ruins, ela consegue, ao longo do dia, fazer um bom trabalho, terminar suas tarefas e atingir suas metas.

Tendi... disse eu... ela simplesmente não deixou que os problemas interferissem em seu trabalho. Exatamente, Rosa... concordou a doutora... ela teve habilidade suficiente para gerenciar melhor seus sentimentos.

Quem inventou esse negócio de inteligência emocional, doutora? Bem, Rosa... há várias referências sobre autores importantes que trataram desse assunto e contribuíram para se chegar à definição atual de inteligência emocional.

Mas nada se compara ao fantástico trabalho do jornalista científico Daniel Goleman. *(pegou o celular e digitou rapidamente)*. Veja, Rosa, a foto dele... ele também é psicólogo, escritor de renome... conhecido no mundo inteiro.

Bonitão, ele... disse eu devolvendo o celular a ela... me lembrou o Percy. Rosa, Rosa... exclamou ela com um ar condescendente... do jeito que você está apaixonada até num rabanete você vai ver esse Percy.

Caímos as duas na risada. Credo, doutora... rabanete? Brincadeira, Rosa... disse ela digitando novamente no celular... mas olha, este foi o livro que ele escreveu – Inteligência Emocional -, de 1995 que foi fundamental para se estudar esse assunto. Pra você ter uma ideia, esse livro vendeu cerca de 5 milhões de exemplares e foi traduzido para quase 50 países. Acho que eu tenho um exemplar no consultório. Segunda-feira pegue-o e comece a ler... você vai gostar e vai te ajudar muito.

Mas não é complicado?... perguntei... não é uma linguagem muito técnica? Ao contrário... respondeu ela... ele usa uma linguagem bastante acessível ao público em geral, bem fácil de compreender. Mas independentemente disso vamos continuar nossa conversa.

Certo, doutora... segunda-feira eu começo a ler. Quero muito começar a lidar melhor com as minhas emoções. Isso mesmo, Rosa... aliás, a capacidade de uma pessoa em lidar com suas emoções é muito mais importante que sua competência em lidar com dados técnicos ou processar informações. Olha só que incrível... você já deve ter ouvido falar numa coisa chamada QI, certo?

Certo... respondi... tem que ver com inteligência, né? Isso... respondeu... é a sigla de Quociente de Inteligência. Pois então, o Daniel Goleman inventou algo paralelo chamado QE, ou seja, Quociente Emocional. Ele diz que 80% do sucesso de uma pessoa tem a ver com o seu QE. Já o QI é responsável pelos outros 20%. Deu pra perceber a importância de saber trabalhar as emoções?

Nossa, doutora... exclamei... impressionante! Quer dizer então que não adianta nada o fulano ou a fulana ter um QI lá no último andar, mas na hora resolver uma parada emocional fracassa! Eu, hein?

Verdade, Rosa... disse ela rindo... não é à toa que Goleman conceitua inteligência emocional como sendo a competência para gerenciar sentimentos, de maneira que eles contribuam para uma boa tomada de decisões.

Olha Rosa... vou lhe dizer uma coisa. Durante muito tempo, a única maneira que tínhamos para medir a inteligência de alguém era por meio do Quociente de Inteligência.

Então o que é o QI senão a capacidade de raciocinar? Não é verdade? Ou seja, pensar problemas de forma abstrata, gerar soluções para assuntos complexos e aprender rapidamente.

Quer dizer, doutora... perguntei... que inteligência emocional é algo também a ser dominado? Claro, Rosa... e dominar a inteligência emocional significa ser capaz de perceber suas emoções, saber dar nome a elas, entender o que as causou para, então, desenvolver formas de lidar com elas.

Doutora... uma curiosidade... quantas são nossas emoções. Alguém já contou... se for uma pergunta besta, me desculpe! Não, Rosa... respondeu ela rindo... não é pergunta besta não! Saiba que alguns estudos falam de 27 emoções e outros já falam em quase 50 emoções diferentes entre felicidade, raiva, angústia, alívio, tédio e por aí vai!

Na verdade, Rosa... continuou ela... ter consciência das emoções que experimentamos de vez em quando permite entender os motivos que as causaram. A partir daí será possível desenvolver formas de se lidar com elas. Com o passar do tempo, Rosa, você vai percebendo que está com mais jogo de cintura para lidar com suas emoções. Vai sentir que está se tornando uma pessoa mais leve, mais otimista e que resolver problemas emocionais não é mais um fardo.

Então, doutora... perguntei... quando eu souber dominar minhas emoções, saber tudo sobre elas, significa que eu sou emocionalmente inteligente? Sem dúvida, querida... respondeu... nesse momento você terá domínio sobre sua inteligência emocional.

Capítulo 10

Sabe o que seria interessante agora, Rosa? Outro chazinho?... brinquei... seria uma boa ideia! Também, Rosa... pega lá térmica e já traz um pra mim também... disse ela me passando a xícara dela. Mas o que eu quero dizer é que seria interessante a gente fazer, agora, uma espécie de passo a passo pra você já começar a desenvolver sua inteligência emocional.

Vamos nessa, doutora... disse trazendo as xícaras de chá, Qual o primeiro passo?

Conhecer suas emoções

A primeira coisa é a autoconsciência, ou seja, a sua capacidade de entender como as emoções funcionam. Como elas surgem, de onde vêm e de que maneira se manifestam.

Mas como eu vou saber disso, doutora?

Rosa... normalmente os sentimentos provocam dois tipos de reação: psicológica e física. As reações psicológicas dizem respeito aos pensamentos e as crenças da pessoa. Já as reações físicas são sintomas de arrepio, taquicardia, por exemplo.

Quando o Percy passa pela minha carteira, que eu sinto aquele perfume... nossa, me dá uma batedeira...

Então... disse ela... essa é uma reação física e essa batedeira do seu coração pode não ser um sentimento ruim, é o amor! Já uma emoção como a angústia pode despertar pensamentos negativos que faz a pessoa se sentir incapaz e ter até uma manifestação física, como palpitações, dores no abdômen etc...

Controlar suas emoções

Controlar as emoções tem a ver com a autorregulação das emoções, ou seja, a competência de gerenciar os seus sentimentos.

Sabe, doutora... disse eu... acho esquisita essa expressão "gerenciar". Sempre me lembro do gerente do banco onde tenho conta... vive olhando pro meu traseiro! Cafajeste!

Está bem, Rosa... disse ela rindo... mude então para dirigir ou mesmo controlar seus sentimentos. Então... continuou ela... depois que você consegue reconhecer o que você sente, fica mais fácil controlar essas diferentes sensações.

Vamos supor, Rosa, que você sinta sempre angústia em determinadas situações do seu dia a dia, que vão gerar aquelas manifestações físicas e psicológicas que eu já falei. Pra começar a identificar esse sentimento ruim, o primeiro passo é identificar quais circunstâncias o despertaram.

E como eu posso fazer isso, doutora? perguntei tomando o meu segundo chá. Bem, Rosa... há duas estratégias úteis, como conversar consigo mesmo ou manter um diário pessoal.

Ih, doutora... interrompi... não tenho certeza de que vou me aguentar ao conversar comigo mesma. Acho que vou ficar com o diário.

Ela riu um pouco, explicando que a ideia é sempre lembrar que eu tenho uma escolha, que o controle das emoções está em minhas mãos.

Desenvolver a automotivação

Outra coisa importante, Rosa, é você se motivar e ficar atenta pra se manter assim. Para isso, use as emoções a seu favor... em prol de algum objetivo específico, seja ele pessoal ou profissional.

Vou lhe dar um exemplo que você vai gostar. Sua grande meta no momento é conquistar o professor de Português, certo? Certíssimo, doutora... mas é o seguinte: se ele, em algum momento, se interessar por mim muito que bem. Vamos que vamos. Caso contrário, dá licença que a fila anda! Eu, hein?

Ah! ah! Ah! essa é a Rosa que eu aprendi a conhecer! Mas ainda estamos no campo dos exemplos, ok? No caso de conquistar o professor, trata-se de um objetivo pessoal. Mas há também os objetivos profissionais, como, por exemplo, formar-se em Psicologia e, mais tarde, vir a ser minha sócia. O que você acha?

Nossa... exclamei... seria incrível, doutora! Mas não impossível, completou ela. Mas tanto em objetivos pessoais como profissionais, o exercício que você deve fazer é sempre se perguntar: de que maneira posso controlar meus sentimentos, de modo sempre a tomar a melhor decisão?

Tanto em um como em outro, o importante, sempre, é privilegiar a razão, porque umas das chaves para o sucesso está no equilíbrio entre esses dois cenários. No caso de conquistar o professor, o uso da razão tem de ser uma prioridade, Rosa, porque é a razão que vai lhe dizer que, para você, você é a pessoa mais importante. Vamos em frente?

Desenvolver a empatia

Se eu entendo o significado de empatia, doutora... comecei perguntando... empatia quer dizer "saber se colocar no lugar do outro", certo?

Está certo, Rosa... disse ela... mas é mais do que isso! Veja... além de "se colocar no lugar do outro", pense que as demais pessoas ao seu redor como, amigos, família e colegas de trabalho ou colegas de classe, no seu caso... também têm as suas emoções e você precisa aprender a lidar com elas.

Acho meio complicado isso, doutora... observei... cada pessoa é uma personalidade diferente... o que a senhora acha?

Rosa... disse ela com alguma gravidade... talvez o desenvolvimento da inteligência emocional de todas essas pessoas esteja com algum atraso em relação ao seu. Tudo bem, no desenvolvimento da inteligência emocional não há espaço para julgamentos. Seja você apenas, sempre! Agora, uma última questão sobre isso.

Desenvolver o relacionamento interpessoal

Rosa, veja bem... ninguém vive sozinho, certo? O ser humano vive, basicamente, de suas relações com o mundo. Desde sempre, precisamos nos unir para sermos mais fortes e, juntos, superar os obstáculos. É disso que trata esta última questão.

Ok, doutora... sou toda ouvidos!

Relacionamento interpessoal, Rosa... é outro ponto chave para o sucesso, ou seja, ter boas relações administrando as emoções dos outros. Isso, claro, criará um ambiente positivo à sua volta, melhorando não só sua qualidade de vida, mas também contagiando todo mundo ao seu redor.

Acho que eu vou ter de mudar um pouquinho minha conduta, doutora... confessei... lá na classe, embora trate todos com educação, tenho a fama de ser fresca. Na verdade, evito conversa fiada que vai acabar redundando numa "cantada".

Rosa, querida... o importante é não menosprezar a pessoa e também não se menosprezar. Se elogiarem você, aceite e concorde, mostrando atitude e confiança. Se lhe convidarem pra sair e não for do seu interesse, simplesmente diga não e pronto. Se insistirem, diga, gentilmente, que já tem um compromisso com alguém e ponto final. O importante é não "queimar" a relação, procurando mantê-la em bons termos.

COMO VOCÊ PERCEBE E INTERPRETA A REALIDADE?

Sabe, doutora... de tudo que a senhora falou sobre inteligência emocional, sobre controlar nossas emoções e tudo mais, penso que tudo isso tem que ver com a maneira como encaramos a nossa realidade sem esquecer a realidade dos outros, não é mesmo?

Exatamente, Rosa... respondeu ela... e a atitude mental que você toma frente a essas realidades ou, podemos dizer, desafios é determinante. O falecido escritor americano, Napoleon Hill, muito influente nessa questão da autoajuda, dizia em suas obras que temos dois tipos de atitude mental: a positiva (AMP) e a negativa (AMN). Isso define o modo como vemos a vida, o mundo e os desafios que surgem.

Veja, Rosa... continuou ela... se você tende a ver as coisas pelo lado positivo (AMP), com mais leveza, certamente você vai controlar melhor suas emoções. Porque com as atitudes mentais positivas você estará completamente desconectada, no longo prazo, com as emoções negativas.

E ao contrário, doutora... perguntei... o que acontece?

Bem... respondeu ela... se você tem uma atitude mental negativa (AMN), a tendência é você ver a vida de forma mais pessimista, porque sempre estará levando em consideração os aspectos negativos da vida. Então, querida... perceber de modo bem franco e honesto qual costuma ser sua atitude mental nas diversas situações da sua vida é muito importante. Isso porque a cada dia podemos tomar a decisão de pensar e agir diferente.

Agora, Rosa... você precisa ficar atenta aos seus pensamentos, porque existem os pensamentos automáticos disfuncionais. Nomezinho complicado, doutora... o que é um pensamento disfuncional?

São ideias, Rosa... respondeu... que aparecem na sua mente de forma automática. Aparecem sem "pedir licença", ou seja, sem a menor reflexão, de modo que o indivíduo considera esse pensamento como uma verdade absoluta. Por ser disfuncional, esse pensamento vai acabar gerando outros pensamentos tão ruins quanto esse que vai desencadear crises de ansiedade ou paranóia.

Doutora... perguntei... como perceber se um pensamento é disfuncional ou funcional? Boa pergunta, Rosa... vamos estabelecer um paralelo entre um e outro.

Veja, disse ela pegando um caderno de anotações e uma caneta:

Pensamentos Disfuncionais	Pensamento Funcional
Quando você se sente "travada".	Quando os pensamentos fortalecem você.
Quando você quer agradar a todos e, ao mesmo tempo, quer a aprovação de todos.	Quando você é coerente com suas necessidades.
Quando você não se coloca no lugar do outro.	Quando você faz ponderações entre sua percepção e a do outro.
Quando você toma seus pensamentos como verdades absolutas.	Quando você questiona o que pensa
Quando você luta contra seus sentimentos.	Quando você compreende o que pensa.
Quando você não se adapta às mudanças, ignorando-as.	Quando você busca novas possibilidades para o seu desenvolvimento.

O importante, Rosa... é você compreender e identificar quais são esses seus pensamentos automáticos disfuncionais. Assim, você terá melhor compreensão de como a sua mente funciona ao encarar os desafios e situações adversas da vida. Consequentemente, sabendo como funciona sua mente e estando frente a uma situação que provoque um pensamento negativo, você pode substituí-lo por um pensamento adaptativo.

Nossa, doutora... o que é isso? Pensamento adaptativo... desculpe, fiquei confusa! Normal, Rosa... respondeu ela... o pensamento adaptativo é aquele que você tem para substituir um pensamento negativo, fazendo com que você consiga afastar a negatividade e focar apenas em encontrar soluções.

Captei, doutora... captei sua mensagem... disse eu fazendo gracinha com as mãos nas têmporas. A senhora está falando de saúde mental, acertei? Na mosca, Rosa... respondeu ela rindo... na mosca! Sabe como evitar um pensamento disfuncional?

Hummm... respondi... sei não... dormindo?

Ah! Ah! Ah! Claro que não, Rosa! O que você tem a fazer é... primeiro: praticar a meditação, a gente já falou bastante sobre isso. Segundo: anotar os pensamentos negativos e tentar revertê-los no dia a dia ou compartilhá-los com um psicoterapeuta. Terceiro e último: procurar racionalizar e não se deixar levar pelas emoções.

Entendi, doutora... disse eu me servindo de mais chá... agora, a pergunta de um milhão de dólares. Como pôr em prática tudo isso e aprender a desenvolver a inteligência emocional?

Bom... disse ela... primeiro, mais uma xícara de chá! Nossa, doutora... exclamei, colocando minha xícara no pires... peguei para mim e nem ofereci à senhora. Deixa que eu lhe sirvo.

Obrigada Rosa... deixe que eu adoço. Você me perguntou como pôr em prática todos esses ensinamentos. Então devo começar dizendo que nós somente aprendemos verdadeiramente algo quando o colocamos em prática. Nesse ponto, é inevitável responder sua pergunta sem fala de desafios e oportunidades.

Rosa, você deve se lembrar das nossas primeiras conversas, quando eu dizia sobre os nossos problemas serem, na verdade, desafios que nos trazem oportunidades de crescimento. Está lembrada? Lembro sim, doutora... disse pegando mais um chá... a senhora até falou sobre enxergar um problema por outro ângulo. Disse também que problemas são dádivas e eu fiquei confusa e perguntei: "Dádiva?" Aí a senhora me explicou que esses desafios são dádivas porque são oportunidades de crescimento e sugeriu que substituísse a palavra problema por desafio. Não foi isso?

Exatamente, Rosa... disse ela sorrindo... que boa memória você tem! Parabéns! Veja como agora começa a fazer sentido a inteligência emocional. Porque todos que querem desenvolver a inteligência emocional querem se sair bem quando enfrentam os desafios da vida. Não querem mais sofrer gratuitamente, querem ter mais paz de espírito, felicidade e leveza ao enfrentar os desafios que a vida oferece. Por isso Rosa... continuou ela dando um gole no chá... nos desafios que surgirem na sua vida, daqui pra frente, você terá a oportunidade de pôr em prática esses ensinamentos e se aperfeiçoar cada vez mais.

Meu primeiro desafio, doutora... disse eu rindo... será vencer a vontade que eu estou agora de fumar, depois desse chazinho delicioso. Vai lá no banco do jardim, Rosa... disse ela se levantando... vou aproveitar e fazer um xixi. A hora que você quiser ir ao banheiro é naquele corredor, primeira porta à esquerda.

Quando voltei para dentro, a doutora Norma já estava no sofá esperando por mim. Rosa... disse ela... sei que você falou brincando, mas parar de fumar pode ser um grande desafio, você não acha? Agora você já tem as ferramentas certas para vencer esse vício. Mas veja: tudo é um processo que começa com a palavra aceitação. Primeiro aceite-se... aceite a ideia de que você é uma fumante e o quanto isso pode lhe fazer mal. Somente assim, com a aceitação, é que você conseguirá promover mudanças na sua vida.

Certo, doutora... respondi... prometo que será meu primeiro e grande desafio a ser enfrentado e... Mas veja bem, Rosa... interrompeu ela... nunca se esqueça da importância do autoconhecimento. Quem não se conhece bem não consegue estabelecer metas e acaba ficando à mercê das circunstâncias, se frustrando.

Rosa... perguntou ela... de tudo que falamos, o que mais lhe chamou a atenção sobre inteligência emocional?

Bem, doutora... tentei uma resposta inteligente... acho que a melhor dedução que faço de tudo que a senhora falou é que as emoções são importantes, mas a razão também é. Assim... temos de ver o coração e o cérebro como se fosse amigos inseparáveis. Tipo o Gordo e o Magro, Tico e Teco, Batman e Robin...

A risada dela interrompeu minha resposta... Ai, Rosa... disse enxugando os olhos... você não vai precisar se esforçar muito para ser uma pessoa emocionalmente inteligente. Menina... você consegue, com inteligência e sinceridade, equilibrar o racional e o emocional, a razão e a intuição... a lógica e a paixão. Você tem um excelente Quociente Emocional!

Nossa, doutora... respondi... vindo da senhora é mais que um elogio. Chega a ser um prêmio. Só preciso agora melhorar o meu QI, porque...

Rosa... interrompeu ela apontando o dedo para o alto... Quociente de Inteligência não é nada sem o Quociente Emocional. De que adianta ser um gênio e, ao mesmo tempo, ser uma casca grossa ou um psicopata? Concorda?

Claro que eu concordei... sentindo um pouco de orgulho de mim mesma. Um elogio da doutora é tudo de bom. Olhei o relógio e vi que já estava perto do último metrô. Ela até sugeriu que eu dormisse lá, mas não aceitei.

Como prometido ela me levou ao metrô e eu consegui pegar o último. Cheguei em casa feliz por ter tido uma noite tão produtiva e, como não poderia deixar de ser, emocionalmente inteligente.

Capítulo 11

Era só o que faltava!

Enquanto Rose discou o número, seu coração disparou de ansiedade. Ela precisava compartilhar essa notícia e só havia uma pessoa a quem ela queria contar primeiro.

Alô? Doutora Norma? (...) É a Rosa... tudo bem com a senhora? (...) Estou ligando pra lhe dar uma boa notícia. Como hoje é sábado, não quero esperar até segunda.. (...) Não! Não... ah! ah! ah! o Percy continua distante e vai ficar mais distante ainda agora que o ano letivo chegou ao fim. (...)

Sim! Sim... esta foi a última semana de aula e é por isso que estou ligando. Fui hoje ver os resultados das provas e acabei de ficar sabendo que consegui concluir o Ensino Médio. Queria que a senhora fosse a primeira a saber. (...)

Magina doutora... de certa forma, em grande parte, devo à senhora essa conquista. (...) Eu sei... eu sei... teve meu esforço, determinação, foco blá, blá, blá... mas, sem querer compará-la a uma máquina agrícola, porque a senhora é por demais elegante, foi a senhora que, como um trator, o tempo todo me empurrou para a frente. Fez de mim um terreno fértil e semeou-me com uma porção de palavras como fé, esperança, verdade, autoconhecimento e, sobretudo, amizade. Por isso serei eternamente grata à senhora... (...)

Como? Comemorar? (...) Hummm... tomar um café no shopping? Por que não? Mas acho que eu sou mais um sorvetão, doutora... daqueles que a gente fica tomando até o bumbum bater palmas... (...) Ah! Ah! Ah!

É sério, doutora... eu amo sorvete! A senhora gosta também? (...) Banana Split? Jura? (...) Não! Já ouvi falar, mas nunca experimentei, é bom? (...) Como assim do seu tempo? A senhora fala como se fosse do tempo em que se amarrava cachorro com linguiça... eu, hein? A senhora está enxutona, doutora! (...)

Magina, não é um elogio... é uma verdade. Mas gostei da ideia do shopping... quando? (...) Sim, sim... hoje no final da tarde! É um bom horário! Aliás, doutora... estive lendo minhas anotações que fiz em todas as vezes em que conversamos... (...) como? Sim, anotações... eu sempre anotava meio que mentalmente e depois escrevia aqui em casa. Aí me ocorreram algumas perguntas que gostaria de lhe fazer. Eu faria isso na segunda-feira quando fosse trabalhar... mas essa ideia do shopping caiu como uma luva. (...)

Isso mesmo! Podemos conversar enquanto tomamos... como chama? Banana split? Quero provar desse negócio! Vamos ver se é bom mesmo como a senhora está falando. (...) Por quê? É muito grande? (...) Doutora... quando se trata de sorvete, ainda mais com banana e farofinha de nozes, castanha de caju e amendoim, sou capaz de comer o meu e o que a senhora não aguentar do seu! Ah! Ah! Ah! (...) Verdade! (...)

Ok, doutora... nos vemos lá então. Ah, sim... onde? Ok, às 4 na escada rolante do segundo piso... vai ser ótimo! (...) Obrigada... pra senhora também! Até lá!

Quando deu 3 horas, tomei um belo banho e coloquei uma roupitcha própria para um passeio no shopping... estilo patricinha. Esse shopping que eu fui me encontrar com a doutora é superchique. Já fui lá algumas vezes, sozinha, e eu sempre me sinto como se estivesse numa festa em que não fui convidada. Muita gente de narizinho em pé, arrotando arrogância e carregando sacolas de lojas de grife. Nunca entendi essa gente preocupada em apenas comprar roupas caras e de marca! Ora, uma das boas coisas que a gente faz na vida fazemos sem roupa! Eu, hein?

Cheguei à escada rolante do segundo piso... mas a doutora ainda não havia chegado. Fiquei por ali olhando as vitrinas, sonhando em ter dinheiro pra comprar tudo que eu desejasse. Cada coisa linda, mas tudo muito... muito caro para o meu bolso! Aliás, passei a vida toda achando que o dinheiro era a coisa mais importante. Hoje eu tenho certeza!

Estava em frente a uma vitrina de calçados, namorando um tênis maravilhosamente caro. Levaria boa parte do meu salário! Caminhei um pouco mais e parei numa vitrina de produtos infantis. Nossa! Fraldas com o preço lá em cima! É um contrassenso... você gasta uma grana alta em algo que seu filho vai encher de cocô! Eu, hein? De repente, uma mão me tocou o ombro...

Oi, Rosa... era a doutora... está esperando há muito tempo? Oi doutora Norma... respondi abraçando-a... não, não... cheguei agora há pouco. Tudo bem com a senhora? Melhor agora, Rosa... disse ela sorrindo e pegando-me pelo braço... vamos! Aqueles banana-splits estão esperando pela gente!

Fomos caminhando em direção da sorveteria que, disse ela, já conhecia de outros verões. Fomos conversando, olhando as vitrinas, comentando os preços. Ela estava, como sempre, vestida com apuro e elegância. Senti-me como se ela fosse minha mãe, levando a pimpolha passear no shopping.

Chegamos à sorveteria e logo achamos uma mesa. Depois que pedimos dois banana-splits, ela me disse, com apenas uma pontinha de tristeza, que foi naquela sorveteria que ela conheceu o finado marido dela. Embora eu estivesse curiosa, não quis fazer perguntas, com medo de parecer indiscreta. Mas ela mesmo acabou me contando que, há muitos anos, estava sozinha tomando um sorvete, quando ele chegou perto e perguntou: "Essa cadeira está ocupada?" "Não!", ela respondeu... "Pode levar!". Contou-me que ele ficou olhando para ela e ela disse: "Eu disse que está desocupada, pode levar!". "Você não entendeu... disse ele... eu quero me sentar aqui, com você! Posso?".

Rosa... continuou ela... eu simplesmente não resisti àquele olhar agudo, penetrante... bem, eu ainda era uma estudante, sem muita experiência. Então eu disse, tentando mostrar descontração: "Então tá... senta aí se lhe agrada!". E como agradou, Rosa... disse ela com um sorriso de orelha a orelha... tanto que um ano depois já estávamos casados, acredita? Foram anos maravilhosos de boa convivência... só não tivemos filhos, mas foi por pura opção de ambos. Hoje eu me arrependo... deveria ter tido um filho. Hoje ele estaria mais ou menos com a sua idade. Mas Rosa... você nunca me falou de você, sua família...

Antes que eu começasse a falar de mim, chegaram os banana-splits. Caraca, doutora... disse olhando para aquela "canoa" cheia de banana e sorvete... isso parece mais um carro alegórico! Nossa... vou me esbaldar aqui!

Mas Rosa... começou ela empunhando a colher e pegando um bocadinho de sorvete... você ia me contar... nossa, como isto está bom! Contar sobre mim? ...perguntei... já meio que hipnotizada pelo banana-split... ah, sim! Bem, doutora, sou filha única de uma mãe maravilhosa e um pai absolutamente ausente.

Ele foi embora... continuei... quando eu ainda era pequena. Dizia minha mãe, que ele um dia saiu de manhã pra comprar um pão francês e nunca mais voltou.

Provavelmente, segundo minha mãe que era uma tremenda gozadora, sempre de bom humor, que ele talvez tivesse ido comprar o pão diretamente em Paris. Infelizmente ela morreu quando eu tinha 17 anos. Tinha problema no coração, coitada! Nossa, foi um baque pra mim, doutora...

Imagino... concordou ela... você me disse que era bem-humorada? Sim... confirmei... adorava rir e fazer os outros rirem. Não perdia a chance de fazer uma gozação... por exemplo, não se podia fazer pergunta besta pra minha mãe, que ela sempre tinha uma resposta mais besta ainda. Tipo... mãe, quer batata frita? "Claro, vou comer crua?" respondia ela gargalhando.

A doutora Norma, rindo, quase engasgou com o sorvete! A gente tinha um despertador... continuei... um dia deixei o despertador cair e se espatifar no chão. Aí eu gritei pra ela que estava na cozinha: "Mãe... o despertador caiu e parou! E ela: "Claro... queria o quê, que ele saísse andando?". Era sempre assim, com a dona Olívia... mas os tempos, doutora Norma, eram de vacas magras... aliás, nossas vacas nem magras eram... eram anêmicas mesmo!

Nem continuei a falar, porque a doutora já estava passando mal de rir. Ai, Rosa... disse ela... você confirma o velho ditado de que o fruto nunca cai longe da árvore. Dona Olívia devia ser uma pessoa adorável, assim como você é!

Com essas palavras da doutora, nem preciso dizer que fiquei toda inchada.

Mas Rosa... continuou ela... como você se virou? Sozinha, sem pai, nem mãe... Bem doutora... respondi... tive de ir morar com uma tia, irmã da minha mãe, que morava no interior. Mas meu tio, marido dela, disse que não podia pagar meus estudos e assim, pra morar com eles, tive de parar de estudar e trabalhar e contribuir com as despesas da casa. Eu tinha dois primos pequenos também.

Foi um período difícil pra mim, doutora... continuei falando e tomando o sorvete... porque eu não me dava bem com meu tio, que era exigente e chato. Depois que ele morreu, vim embora pra São Paulo. Minha tia ficou sozinha com os filhos e vivendo da aposentadoria dela e do marido. Ela está bem... os filhos já cresceram e também trabalham. Muito de vez em quando eu vou visitá-la.

Rosa... começou ela entre uma colherada e outra... você me disse que tinha algumas perguntas a fazer. Verdade, doutora... disse eu mandando ver num pedaço de banana cheio de sorvete... então, mudando de alhos pra bagalhos...

Bugalhos, Rosa... corrigiu ela dando uma gargalhada. Ah! tá... concordei... mas o que é bugalho, doutora? Ela limpou os lábios com o guardanapo e me explicou que bugalho é uma pequena protuberância que nasce em troncos de árvores e que serve de alimento para insetos, mas não para humanos.

Ainda bem... disse eu fazendo careta... eu jamais comeria algo com o nome de bugalho. Eu, hein? Então, doutora... disse eu abrindo a bolsa... eu tenho algumas dúvidas sobre algumas coisas. Até anotei neste papel pra eu não esquecer. Aliás, antes da senhora chegar, fiquei vendo algumas vitrinas e me assustando com os preços. Nesses momentos, eu fico com raiva de mim mesma por não ter dinheiro pra ter as coisas eu quero e desejo. Devo ter raiva do dinheiro, por não tê-lo em abundância?

Não, Rosa... respondeu ela... nunca tenha raiva do dinheiro. Sabe por quê?

O dinheiro é seu amigo!

Dinheiro é e sempre será um grande amigo, Rosa... disse ela com alguma gravidade. Mas por que, doutora... perguntei... alguns tem muito e outros não tem nada? Seria o dinheiro escolhendo suas amizades?

Ela deu risada da sinceridade da minha pergunta. Rosa... explicou ela... você tem de levar em consideração que tudo que acontece no nosso mundo exterior é um reflexo do nosso mundo interior. A nossa relação com o dinheiro não é diferente!

Mas doutora... retruquei... o que dizer então daquelas pessoas que mal têm o que comer em casa, moram mal, não têm acesso à educação e saúde de qualidade... para elas é mais difícil viver do que aquelas que já nasceram ricas, concorda?

Sim, com certeza, querida... mas o que eu quero lhe mostrar é que há uma forma melhor de ver o mundo. Veja... há muitas pessoas de famílias pobres, que nasceram em favelas e mesmo assim conseguiram enfrentar esses desafios e conseguiram grandes resultados.

Mas nascer em berço esplêndido... perguntei... torna a vida mais fácil, não é mesmo? Sim, claro... respondeu ela de pronto... mas não há garantia de quem nasça rico consiga manter essa riqueza. Justamente porque não tratou o dinheiro de modo inteligente. Nascer em família rica não é garantia de nada!

Como assim, doutora... perguntei... não é garantia de nada? Ora, Rosa... porque há pessoas que são acomodadas no conforto da riqueza e não se preocupam em manter essa riqueza. Para elas, as adversidades são problemas e nunca desafios. Fogem do enfrentamento e, inconscientemente eu diria, não se sentem merecedoras da condição de ricas. Assim, aos poucos o dinheiro vai embora e aquela riqueza toda, ó... babau!

Por outro lado... continuou ela sem tocar no banana-split... há pessoas que têm mentalidade voltada para o crescimento. Para elas as adversidades são desafios a serem enfrentados. Com esses desafios, sentem-se estimuladas a ter mais garra para conseguirem tudo que desejam. Elas acreditam que são capazes e conseguem!

Certo, doutora... retruquei... acredito que essas pessoas que a senhora disse terem mentalidade para crescer e prosperar, certamente tiveram uma educação voltada para isso. Foram bem orientadas, não é mesmo? Já as pessoas que não tiveram uma educação adequada, porque nasceram pobres, estarão destinadas ao fracasso. Não é isso?

Exatamente... disse ela empurrando o banana-split como que já satisfeita. Eu estava terminando o meu e já de olho no que restou no dela.

Veja, Rosa... você tocou num ponto importante: a educação. As pessoas que nasceram em famílias ricas e não foram educadas para enfrentar desafios, tolerar frustrações e ter uma mentalidade voltada para o crescimento, acabam fracassando. Por quê? Porque provavelmente perderam o apoio familiar e tiveram de tentar crescer sozinhas. Como não foram educadas para isso, fracassam.

Queria perguntar alguma coisa mas meu banana-split estava bom demais!

Há histórias... continuou ela empolgada com a explicação... de pessoas que ficaram ricas de repente. Na loteria, por exemplo. Se elas não tiveram uma boa educação para a prosperidade não terão uma boa relação com o dinheiro e acabarão liquidando rapidinho a fortuna que ganharam.

Doutora... acho que minha relação com dinheiro é a mesma que eu tive com este banana-split. Já liquidei o danado! Ah! Ah! Ah!... riu ela... você é uma figura, Rosa! Se você não tiver frescura... disse ela, empurrando o banana-split dela para mim... pegue o que sobrou do meu!

Frescura eu, doutora?... respondi com um sorriso... nossa, eu seria faxineira de banheiros de rodoviária se o pagamento fosse em sorvetes. Mas a senhora estava falando sobre educação para a prosperidade... *(ela ainda estava rindo)*.

Então Rosa... nossa ri gostoso agora... então, veja você como uma educação adequada ajusta para o bem a vida das pessoas. Tanto que essas pessoas, que foram privilegiadas com facilidades, que aprenderam a encarar os desafios de forma construtiva, conseguem duplicar ainda mais a riqueza que receberam.

Porque fizeram bons negócios, acredito... interrompi espetando um pedaço de banana com sorvete. Não só apenas pela aptidão para os negócios, Rosa... retrucou ela... mas também, e principalmente, por causa da atitude mental positiva, voltada para a realização de sonhos, conquista de metas e, sobretudo, prosperidade.

Quer dizer então, doutora... perguntei puxando o banana-split dela para mim... quem nasceu de família pobre, mas foi educado adequadamente tem chances de fazer sucesso? Prosperar? Claro, Rosa... respondeu ela... estamos falando sobre...

A riqueza para quem nasceu fora do berço de ouro

Com uma educação adequada, todos podem prosperar. Ricos ou pobres... lembrando que pessoas de origem humilde podem demorar um pouco mais para atingir um sucesso financeiro. Bem mais do que aquelas de origem mais abastada, já que estas não precisam se preocupar com sobrevivência.

Fico feliz em ouvir isso, doutora... disse eu... principalmente agora com uma mentora como a senhora.

Obrigada, Rosa... disse ela sorrindo com ternura... elogios são sempre bem-vindos. Mas continuando, para confirmar o que eu disse, algumas pessoas não se sentem satisfeitas com a própria realidade e usam essa insatisfação como uma força propulsora para mudar a realidade para melhor. Os desafios, para elas, são provocações que as instigam a melhorar e não desistem com facilidade.

Nossa, adoraria ser assim... disse eu raspando a "canoa" de sorvete. Rosa... meio que ralhou ela... não diga "adoraria ser". Diga "eu sou assim!". Vamos diga... "eu sou assim". Agora?... perguntei. Sim... insistiu ela... sempre! Vamos diga! Fiquei meio sem jeito, mas não resisti ao olhar intimidante da doutora e meio que balbuciei: E-eu sou assim! De novo, Rosa... disse ela... mas fale com firmeza... **eu sou assim! Eu posso mudar minha realidade para melhor. Sempre!**

Olhei firme pra ela e repeti: **eu sou assim! Eu posso mudar minha realidade para melhor. Sempre!** Isso mesmo, Rosa... repita comigo: **eu sou forte e todos os dias vou cada vez melhor!** Vamos... repita! Passei um guardanapo na boca e repeti: **eu sou forte e todos os dias vou cada vez melhor!** Diga isso todos os dias, Rosa... até convencer seu subconsciente disso.

Nossa... mais um pouco e ela põe a mão na minha cabeça e grita: "Saia! Que esse corpo não lhe pertence! Mas não falei nada... longe de mim magoar a doutora com minhas piadas.

Muito bom, Rosa... disse ela satisfeita... palavras têm força! Lembre-se sempre disso! Por isso não devemos julgar ou maldizer pessoas ricas. Pelo contrário... devemos nos inspirar nelas. Pessoas pobres, mas otimistas, que amam a prosperidade não se colocam como vítimas da sociedade mas, sim, como protagonistas de sua própria história. São obstinadas a fazer tudo dar certo e não desistem até conseguir.

Sabe doutora... de tudo que a senhora falou, acredito nunca ter sido pobre. Apenas sem dinheiro. Ser pobre é um estado mental. Estar sem dinheiro é uma situação temporária. Estou certa?

Certíssima, querida... disse ela fazendo um sinal para a garçonete. Pediu duas garrafinhas de água. Nossa! A água chegou em boa hora, porque eu estava com uma sede... também, depois de um banana-split e meio, acho que eu tomaria uma caixa d'água inteira!

Infelizmente, Rosa... recomeçou ela... a grande maioria das pessoas pobres aceitam a pobreza como se fosse uma realidade imutável. Acreditam que o dinheiro não presta e que é o maior mal do mundo. Essas ideias geram conflitos no subconsciente e elas acabam sendo eternamente infelizes.

Na verdade, Rosa... qualquer pessoa pobre gostaria de ficar rica! Porque o dinheiro resolve um bocado de coisas, soluciona problemas e, claro, aumenta a qualidade de vida. Mas se essas pessoas, inconscientemente, acreditam que o dinheiro é o mal do mundo, que o dinheiro destrói caráter e não traz felicidade... jamais chegarão à prosperidade!

A minha ex-sogra... interrompi... dizia que rico não entra no céu. Então Rosa... continuou ela... todas essas ideias contra o dinheiro geram um conflito interno. Porque não existem pessoas que não queiram ir para o céu, que não queiram ter caráter ou que não gostam de ser felizes.

Doutora... interrompi de novo... me aponte uma dessas pessoas e eu lhe apontarei um defunto. Uma pessoa assim só pode ter morrido, eu hein?

Ah! Ah! Ah!... fez ela rindo... pessoas com problemas financeiros, Rosa, precisam acabar com as ideias errôneas que fazem do dinheiro. Precisam sentir-se prósperas e merecedoras para, então, atrair para si a prosperidade.

Tem a ver com a Lei da Atração, doutora? Essa era outra pergunta que eu... Tudo a ver, querida... respondeu ela... essa lei traz para você tudo o que vibra na mesma frequência que você. Isso tem nome... física quântica, que é assunto pra outra hora.

Doutora... perguntei... a lei da Atração seleciona pessoas que estejam vibrando corretamente? Pergunta interessante, Rosa... disse ela tomando um pouco de água... a Lei da Atração é cega, sabe? Ela não faz juízo de valor, não raciocina... se uma pessoa, boa ou má, acredita que é merecedora e capaz de grandes fortunas e não desiste disso, ela conseguirá atrair o que acredita.

Então, doutora... interrompi... é por isso que tem tanta "casca grossa" por aí, soltando dinheiro pelo ladrão, financeiramente próspera mas que tem o caráter de um gangster, não é? Isso mesmo, Rosa... respondeu ela... e o dinheiro intensifica isso nelas. Na verdade, o mau-caratismo já estava nessa pessoa antes de ficar rica ou mais rica. O dinheiro só evidenciou essa má índole.

Conclusão: o dinheiro não muda as pessoas, apenas intensifica o que já estava nelas.

Doutora, uma pergunta... a Lei da Atração só atrai prosperidade? Não, Rosa... claro que não! Quer mais água?

Não, obrigada, doutora... do ponto de vista sorvete e água já estou mais do que próspera! Ah! Ah! Ah!... ela riu dando um gole na água. Veja, Rosa... continuou... a Lei da Atração não atrai apenas prosperidade ou coisas boas. Mas se uma pessoa que exala falsidade, interesse e falta de caráter, elas acabam atraindo pessoas desse tipo para a vida delas. Assim, apesar de toda a riqueza, acabam encontrando também um grande vazio existencial.

Quer dizer, doutora... interrompi... podemos prosperar pelo bem, fazendo o bem e atraindo pessoas de bem para nós, não é? Exatamente, Rosa... disse ela sorrindo... vejo que você entendeu. Por isso é importante ficar atenta à forma como você está vibrando... faça isso observando seus pensamentos.

Por isso Rosa... continuou ela... é importante o autoconhecimento e, assim, prestar atenção à forma como você se relaciona com o dinheiro e o que de fato você, com seus pensamentos, está atraindo para sua vida.

Sabe, doutora... disse eu... acredito que a única solução para pessoas que não conseguem sozinhas a ter autoconhecimento, conhecer a Lei da Atração, controlar as emoções etc... etc... é a ajuda de um profissional, ou seja, fazer uma terapia. Então eu pergunto: e as pessoas que não têm condições de pagar um terapeuta?

Rosa... explicou ela... nós terapeutas costumamos dizer que o dinheiro gasto para pagar sessões de terapia não é um gasto e, sim, um investimento! Talvez o melhor investimento que se pode fazer em si mesmo!

Nossa, doutora... disse eu com alguma temeridade... eu não saberia como pagar tudo o que a senhora já fez por mim. Talvez tivesse que vender meus dois rins... Rosa, Rosa... respondeu ela com a ternura de uma mãe... você, além de ser uma excelente colaboradora no consultório, é também uma grande amiga. Você, ainda que sem perceber, me completa fazendo o papel de uma filha que sempre desejei ter e não tive. Toda a terapia que faço com você é por conta da casa.

Ah! Ah! Ah!... ri com gosto e satisfação, me sentindo como se o Percy estivesse me pedindo em casamento... obrigada doutora! Fico imensamente feliz que pense assim. De fato, tenho na senhora uma verdadeira mãe. Eu adoraria recompensá-la por todo o bem que a senhora me faz...

Rosa, querida... quer me recompensar? Prospere! Prosperidade é abundância e abundância é energia que gira, que flui. Portanto, não fique parada... e não deixe seu dinheiro parado também. Bote ele pra girar, invista, estude o que é melhor pra você e permita que as coisas fluam e não fiquem paradas em sua vida. Ajude as pessoas sempre que puder, seja boa sempre, compartilhando somente as coisas boas com todos, distribua abraços e sorrisos, diga palavras de incentivo a todos que a rodeiam, elogie alguém sempre que puder...

Lembrei-me de um quadro que vi na sala da casa dela, repleto de frases desse tipo.

Rosa... agindo assim, com certeza o dinheiro sempre estará presente em sua vida. Não sinta pena em gastá-lo com inteligência e sabedoria. Olha... existem infinitas possibilidades do quanto o dinheiro e a prosperidade podem lhe ajudar. Mas tudo depende da forma como você se sente, dos seus pensamentos predominantes e, claro, o mais importante: do seu processo de autoconhecimento que é infindável!

Ela ia falando e eu me fascinando cada vez mais. Cada vez mais me sentindo próspera e dona de uma vida plena. Confirmei que quem estava ali na minha frente não era uma doutora, uma terapeuta, uma patroa... era, sim, uma grande amiga, quase uma mãe. Um tesouro inestimável que eu preservaria enquanto existisse...

Rosa... disse ela colocando as mãos sobre as minhas... eu desejo que você, mais do que próspera, seja muito feliz e faça bastante sucesso na sua vida. Alguém já disse que sucesso é o que você quer e felicidade é gostar do que você conseguiu. Acho que você não terá o menor problema com isso!

Doutora... disse eu já com os olhos marejados... o sucesso virá mais tarde, quando em terminar uma faculdade e ser uma doutora como a senhora. Mas, se conhecê-la e privar da sua amizade representar a felicidade, então eu já sou feliz... e a senhora não imagina o quanto!

Ela, olhando pra mim, se levantou e eu, instintivamente, também me levantei e terminamos aquela tarde com o mais forte abraço que dei e já recebi.

Doutora Norma e seus Conselhos Finais

Felicidade

Não existe um caminho para a felicidade. A felicidade é o caminho.

Thich Nhat Hanh

Saber encontrar a alegria na alegria dos outros é o segredo da felicidade.

Georges Bernanos

Não busque a felicidade fora, mas sim dentro de você, caso contrário nunca a encontrará.

Epicteto

A felicidade não é a ausência de conflitos, mas a habilidade para se lidar com eles. Uma pessoa feliz não tem o melhor de tudo. Ela torna tudo melhor.

Albert Einstein

A felicidade não depende do que não temos, mas do bom uso que fazemos com o que temos.

Thomas Hardy.

Sucesso é conseguir o que você quer e felicidade é gostar do que você conseguiu.

Dale Carnegie

Palavras têm poder

As palavras são como moedas: uma pode valer por muitas e muitas não valer por uma.

Francisco de Quevedo

As palavras verdadeiras não são agradáveis e as agradáveis não são verdadeiras.

Lao Tsé

Todas as nossas palavras serão inúteis se não brotarem do fundo do coração. As palavras que não dão luz aumentam a escuridão.

Madre Tereza de Calcutá

As palavras podem ter a leveza do vento, mas também a força da tempestade.

Victor Hugo

Cuidado com seus pensamentos, pensamentos geram palavras, palavras geram atitudes, atitudes geram hábitos e os hábitos formam a personalidade.

Dra. Norma

Para a vida

Obstáculos são aquelas coisas que eu invento quando tiro o olho do alvo.

Henri Ford

Nós nunca nos separamos daqueles que amamos, pois o que somos é amor

Karina DeOliveira

Não somos uma gota no oceano, mas sim o oceano inteiro dentro dessa gota.

Rumi

Não podemos ver o nosso reflexo em água fervente, assim como não vemos a verdade num momento de raiva. Quando as águas se acalmam, a claridade chega.

Dra. Norma

Amar é o que resta pra hoje, depois de um ontem atribulado.

Karina DeOliveira

Posfácio

Finalmente, chegamos ao fim de mais um capítulo, mas veja bem: não chegamos ao fim da história. Há muita coisa boa ainda por acontecer, pode esperar!

Uma coisa legal, que já está acontecendo, é o fato de eu ter passado no vestibular. Logo, logo... estarei frequentando a faculdade de Psicologia. Bom, entrar para uma faculdade é a realização de um velho sonho, que eu consegui graças à Doutora Norma, minha chefe, "mãe postiça" e, sobretudo, depois da minha mãe, a melhor amiga que já tive em toda minha vida. .

Todas as suas orientações e conselhos, que registrei neste livro, levaram-me a ser uma pessoa bem melhor, determinada e focada em meus objetivos. Claro que eu não perdi aquela verve bem-humorada que herdei de minha mãe. Aliás, isso é como o pomo-de-adão... a gente herda e fica conosco pra sempre.

A doutora Norma também, como uma "mãe" que sempre foi para mim, transmitiu-me ensinamentos valiosos, emoções e valores. Encaro isso como se fosse um legado também, que agora eu passo pra você. Mas, como eu já disse, não vou ficar por aqui, não!

Meu trabalho no consultório da doutora haverá de continuar. Principalmente agora nessa fase, digamos, universitária (que chique!), continuaremos nossas conversas. Eu, claro, como sempre, estarei anotando tudo para depois, em forma de um texto gostoso de ler, estarei passando pra você!

Portanto, aguarde... brevemente estaremos juntas de novo! Um beijo carinhoso!

Rosa Maria

Sobre a autora

Karina De Oliveira, professora, psicanalista, terapeuta holística, formada em Educação Física e Psicanálise Integrativa, começou sua jornada de autoconhecimento e desenvolvimento mental durante a pandemia.

Ela vive hoje na Flórida com seu esposo e duas filhas. Após o início de seu curso de psicanálise, vivenciou algumas mudanças do próprio comportamento banhados de muitos estudos incluindo PNL (Programação Neurolinguística), cursos de Hipnose e suas diferentes abordagens, se tornou Reikiana Master, aprendeu filosofias e práticas da medicina chinesa e yoga, Practitioner de Barra de Access e Facelift do Access Consciousness.

Certificada e Licenciada Professional & Spiritual Life Coach pela Dardah Business School e criou seu próprio método de atendimento e ensino chamado Árvore de Ouro.

Possui um canal no Youtube e no Instagram chamado ABH Portal Holístico. Se gostou dessa obra e quer conhecer mais sobre a autora, siga-a pelas redes sociais.

Instagram

Youtube